NORBERT PAUTNER

Meine LAUBSÄGE Werkstatt

30 tierische Projekte für Kinder

Inhaltsverzeichnis

Damit das mit dem Sägen, Basteln und Malen von Anfang an klappt, solltest du dir die **Einleitung** gut durchlesen.

Die Projekte im Buch sind nach ihrem Schwierigkeitsgrad angeordnet. Es beginnt erst einmal mit ein paar **einfachen Figuren** zum Aussägen, Zusammenkleben und Anmalen.

Drei unterschiedliche **Landschaftsbilder** zum Hinstellen und Anschauen. Und wenn man sich sattgesehen hat, lassen sie sich immer wieder verändern. Wie du die passende Basis baust, beschreibt die erste Anleitung für das Wald-Stellbild.

Die **Kantenhocker** sind auch nicht schwierig zu basteln: Alle Teile aussägen, zusammenkleben und anmalen.

Zwei einfache **Spiele** zum Aussägen und Anmalen. Wenn sie fertig sind, eignen sie sich prima als Geschenke für kleinere Geschwister (oder andere Kinder).

Ganz ohne Leim kommen auch die **Stecktiere** aus. Allerdings musst du gut darauf achtgeben, dass die Schlitze zum Zusammenstecken genau passen.

Zum Zusammenstecken ist auch diese besondere **Spardose**.

Wenn du schon etwas geübt bist, kannst du zwei einfache **bewegliche Spielzeuge** basteln.

Weil hier viele Löcher auszusägen sind, brauchst du für dieses **Geschicklichkeitsspiel** etwas mehr Zeit und Geduld.

Die nächsten zwei **Spielzeuge** brauchen beide eine Schnur.

Die letzten drei Projekte im Buch sind etwas für fortgeschrittene Laubsägekünstler. Für die **Automaten** brauchst du viel Zeit. Auch eine helfende Hand zur Unterstützung wäre gut.

Auf der letzten Seite steht, wer das Buch gemacht hat.

Los geht's!

So wirst du ein richtiger Laubsägekünstler.

In dieser Einleitung erfährst du allerhand Wissenswertes über die Materialien und die Werkzeuge, mit denen du es beim Laubsägen zu tun hast. Außerdem stelle ich dir die wichtigsten Arbeitsschritte einer Laubsägearbeit vor, damit du die Schritt-für-Schritt-Anleitungen im Buch besser nachvollziehen kannst. Wenn bei einem Projekt also beispielsweise vom „Übertragen der Vorlage" die Rede ist, weißt du aus dieser Einleitung, was damit gemeint ist und welche Arbeitsschritte damit verbunden sind.

Das Material der Wahl: Holz, Holz, Holz!

Das am häufigsten verwendete Material ist **Sperrholz**. Es besteht aus mehreren dünnen, miteinander verleimten Schichten. Die Faserrichtungen dieser Schichten stehen senkrecht zueinander, man sagt auch: Sie sperren sich. Sperrholz wird oft im Format DIN A4 (= 21 × 29,7 cm) angeboten. Das ist das gleiche Format wie beim Druckerpapier.

Im Baumarkt gibt es relativ günstig **Pappelsperrholz**. Es ist leicht und lässt sich gut sägen. Dafür ist es aber auch manchmal ein wenig schief oder hat dunkle Flecken (Astlöcher). **Birkensperrholz** ist stabiler und hat auch eine etwas schönere Oberfläche. Dafür ist es aber ein bisschen teurer und schwieriger zu sägen: Du brauchst mehr Kraft und Geduld.

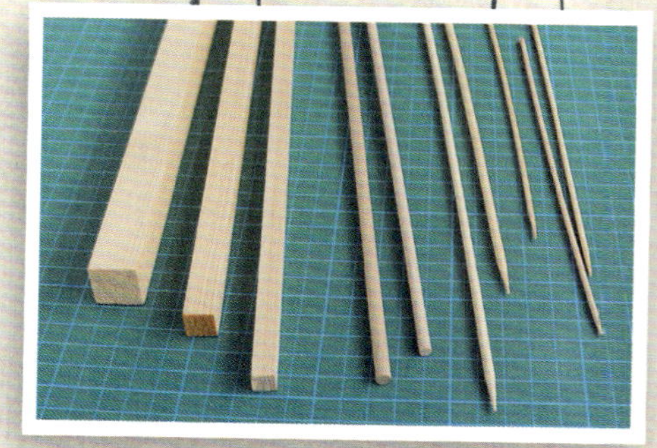

Vierkantleisten aus Kiefernholz sind leicht und lassen sich gut verarbeiten. **Rundstäbe** sollten dafür lieber aus stabilem Buchenholz sein. Manchmal brauchst du auch **Holzspieße**, wie man sie in der Küche verwendet. Wobei diese meist aus Bambus und nicht aus Baumholz sind.

Sperrholz gibt es auch in Stärken von 1 cm (10 mm) oder mehr. **MDF-Platten** bestehen aus Sägemehl und Leim. Sie sind superstabil und richtig hart. Dafür lassen sie sich aber nur sehr schwer sägen. **Balsaholz** ist eines der leichtesten Hölzer der Welt, Du kannst sogar 1,5 cm dicke Platten ohne Mühe mit der Laubsäge bearbeiten.

Dein wichtigstes Werkzeug: die Laubsäge

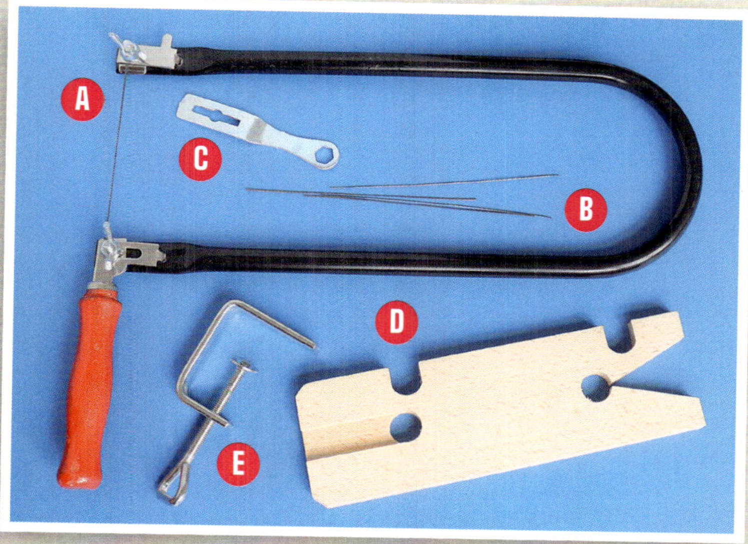

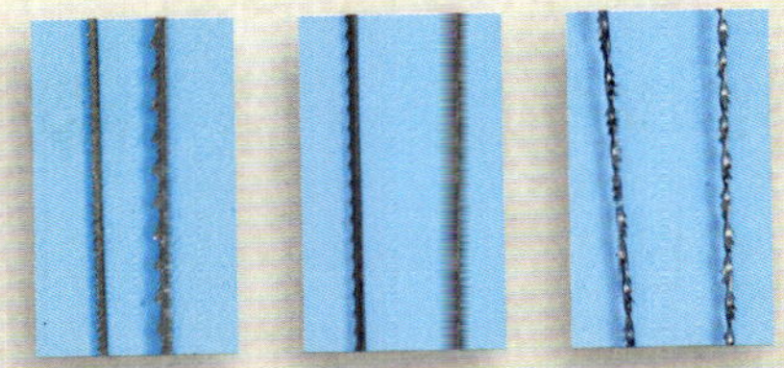

Laubsägeblätter gibt es in den Stärken 1 (superfein) bis 9 (sehr grob), beide siehst du im linken Bild. Ich benutze meistens Nr. 3 (mittleres Bild). Für Schnitte mit vielen Rundungen, Spitzen und Winkeln eignet sich ein Rundsägeblatt (rechtes Bild). Allerdings trägt es ziemlich viel Material ab, der Schnitt wird relativ breit.

A Der **Laubsägebogen** sollte ungefähr 30 cm lang sein. Mit den Flügelmuttern spannst du das Sägeblatt ein.

B **Sägeblätter** gibt es in unterschiedlichen Stärken.

C Mit dem **Spannschlüssel** ziehst du die Flügelmuttern fest an.

D Dein Werkstück legst du auf das **Laubsägetischchen**.

E Mit der **Zwinge** befestigst du das Sägetischchen am Arbeitstisch.

1. Spanne das untere Ende des Sägeblatts mit der Flügelmutter fest ein. **2.** Drücke die Enden des Bogens zusammen. Am besten mithilfe der Einbuchtungen an der Einspannhalterung (Sägetischchen). **3.** Klemme nun auch das obere Ende des Sägeblatts ein. Drehe die Flügelmuttern mit dem Spannschlüssel gut fest.

Wenn du das Sägetischchen mit der Zwinge am Arbeitstisch befestigst, hinterlässt das später vielleicht ein paar Macken an der Tischplatte. Frage lieber vorher, welchen Tisch du benutzen darfst.

Die Sägezähne müssen nach außen und unten zeigen.

Für die Beispiele in der Einleitung habe ich einen Elefantenhampelmann gebastelt. An ihm kann ich gut die verschiedenen Laubsägearbeiten und andere Basteltechniken demonstrieren, die im Buch vorkommen. Wenn du den Hampelmann nachbauen möchtest, kannst du dafür die Vorlage Nr. 31 verwenden.

Bevor es mit dem Sägen losgeht:

Vorlagen übertragen

Anhand der Nummerierung kannst du die Vorlage für dein Projekt auf dem Vorlagebogen finden. Alle Teile, die in einer bestimmten Farbe gedruckt sind, gehören dabei zu einem Projekt.

Fixiere ein Blatt Transparentpapier passend auf dem Vorlagebogen – am besten mit Malerband, das lässt sich gut wieder ablösen. Zeichne dann die Umrisse der Einzelteile nach.

Fixiere das Transparentpapier auf der Sperrholzplatte und lege einen Bogen Kohlepapier unter die Vorlage. Zeichne alle Linien mit einem Kugelschreiber nach. Dabei siehst du auch gleich, welche Linien du schon nachgezogen hast.

Wenn du kein Kohlepapier zur Hand hast, drehst du das Transparentpapier mit der Vorlage einfach um und schraffierst die Rückseite der Linien mit einem weichen Bleistift. So stellst du praktisch dein eigenes Kohlepapier her.

Fixiere das Transparentpapier auf dem Sperrholz und zeichne wie in Schritt 2 alle Linien nach.

Falls die Umrisse nach dem Durchzeichnen zu schwach sind, ziehe sie einfach mit einem Bleistift nach.

Statt den Vorlagebogen zu verwenden, kannst du die Vorlagen auch herunterladen. Lass dich dazu unter **www.topp-kreativ.de/digibib** von deinen Eltern anmelden und gib dort den Code von der Impressumsseite ganz hinten im Buch ein.

Mit der ausgedruckten Vorlage kannst du dir auch das Nachzeichnen sparen. Dazu brauchst du aber einen UHU photo stic. Streiche damit die Rückseite des Papiers (nicht das Sperrholz!) ein und warte ein oder zwei Minuten, bevor du das Papier aufklebst. Nun kannst du nach dem Aussägen der Teile das Papier wieder ablösen. Nach einigen Stunden hat sich der Klebstoff aber fester mit dem Sperrholz verbunden, darum solltest du nicht zu lange mit dem Ablösen warten.

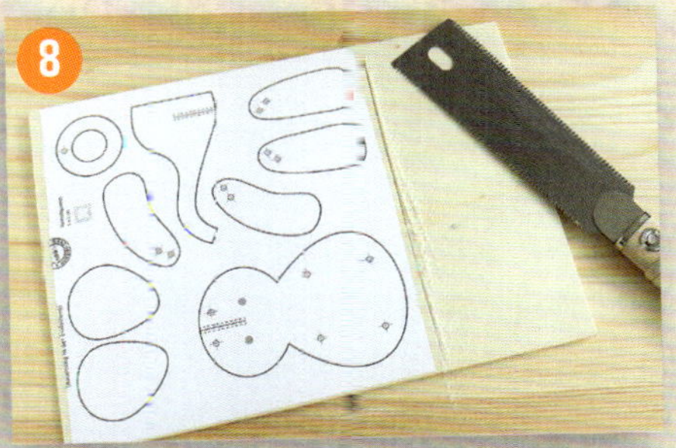

Bevor es ans Aussägen geht, kannst du schnell noch überflüssiges Sperrholz absägen. So hast du Sperrholzreste, die du später verwenden kannst.

Deine Vorlage löst du erst nach dem Sägen und Bohren ab. Dann kannst du auch fehlende Details ergänzen.

Wenn du bemerkst, dass das Sperrholz beim Sägen an den Kanten ausreißt, solltest du vor dem Sägen Malerband auf die Rückseite kleben.

Geraden, Kurven, Ecken, Löcher, Schlitze:

Das Wichtigste übers Sägen

Damit du die Säge möglichst senkrecht hältst, klemmst du sie dir am besten unter den Oberarm. Du solltest auch relativ tief am Arbeitstisch sitzen, damit du deinen Rücken nicht krümmen musst.

Sägehand und **Führhand**: Die Säge bewegst du nur auf und ab – und nicht vorwärts oder seitwärts. Dafür bewegst (führst) du das Sperrholz mit deiner anderen Hand so, dass das Sägeblatt der Vorzeichnung folgt.

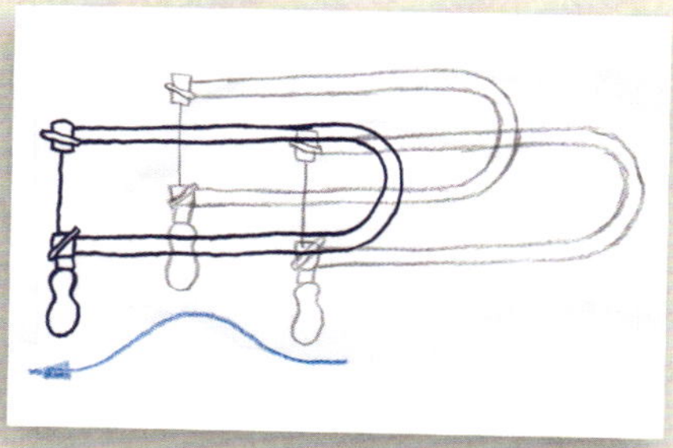

Geradeaus: Längere Linien und weite Kurven sägst du mit langen, stetigen Bewegungen. Die Sperrholzplatte bewegst du dabei zügig.

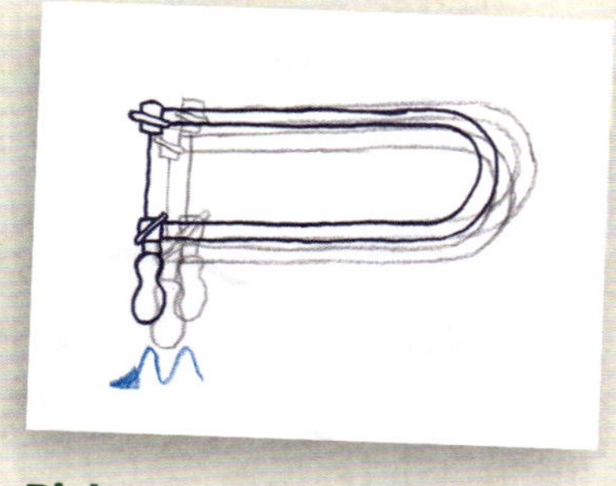

Richtungswechsel: Ecken und enge Kurven sägst du mit kurzen, schnellen Bewegungen. Die Holzplatte bewegst du nur langsam.

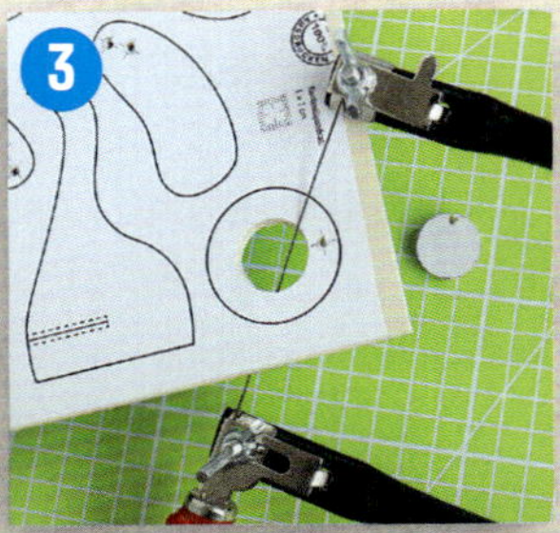

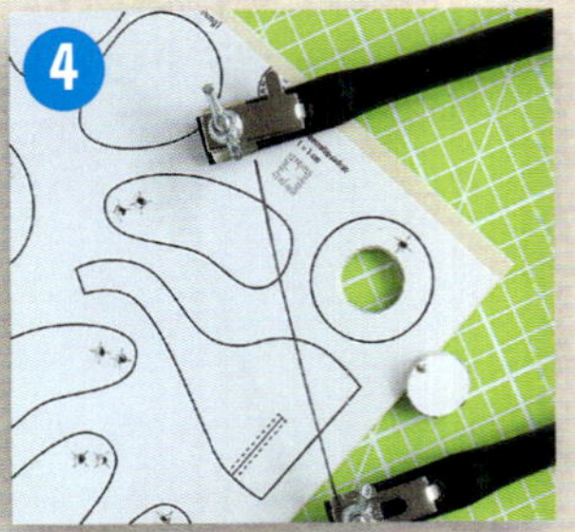

So sägst du ein Loch aus: **1.** Das oben ausgespannte Sägeblatt durch das vorgebohrte Loch fädeln. **2.** Das Sägeblatt oben im Sägebogen einspannen. **3.** Die Form aussägen. **4.** Das Sägeblatt wieder ausspannen und die Säge aus dem Loch ziehen.

Wenn du die oft zahlreichen Einzelteile aus dem Sperrholzbrett aussägst, solltest du in kleineren **„Portionen“** sägen. Wenn du ins Sperrholz hinein sägst, solltest du auch wieder aus dem Sperrholz heraus sägen, sobald du ein oder zwei Teile fertig (oder fast fertig) ausgesägt hast. So musst du nicht immer das ganze Sperrholzbrett auf dem Sägebrettchen herum schieben und drehen.

Wenn du **Steckschlitze** aussägst, achte darauf, dass du möglichst innerhalb der Vorzeichnung sägst. Da das Sperrholz nie exakt 3 oder 4 mm dick ist, säge den Schlitz lieber erst etwas knapper aus. Später kannst du ihn immer noch mit einer Feile nachbearbeiten.

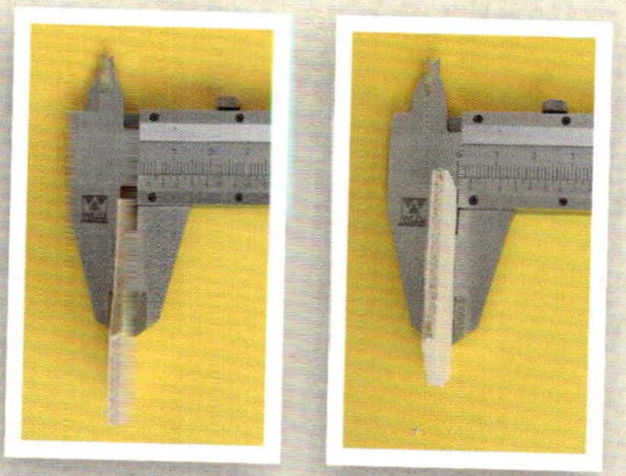

Eine 3 mm starke Birkensperrholzplatte ist tatsächlich etwas über 3 mm breit (links). Eine eigentlich 4 mm starke Pappe sperrholzplatte ist hingegen nur etwas weniger als 4 mm stark.

Laubsäge-Sicherheitshinweise:

- Das Sägeblatt wird durch die Reibung im Holz so **heiß**, dass du dich daran **verbrennen** kannst.
- Der Staub, der beim Sägen und Schleifen entsteht, ist so fein, dass du ihn ganz leicht einatmen kannst. Trage darum lieber eine **FFP2-Maske**.
- Ein Sägeblatt kann auch mal reißen. Eine **Kunststoffbrille** schützt deine Augen.
- Damit du dir nicht versehentlich in deine Führhand sägst, schütze sie durch einen „schnittfesten“ **Handschuh**.

Alles so schön glatt hier:

Feilen und Schleifen

Schleif- oder Sandpapier (für Holz!) besorgst du dir am besten in den Körnungen 60, 100 und 180.

Aus Bastelhölzern oder einem Kochlöffel und Sandpapier lassen sich schnell und preiswert Feilen herstellen.

Mit preiswerten Nagelfeilen aus dem Drogeriemarkt kannst du Sperrholz auch prima glätten.

Du benötigst vor allem kleine und dünne Feilen. Die gibt es oft günstig im Baumarkt.

Gerade Kanten glättest du am besten, indem du sie über ein größeres Stück Sandpapier ziehst, das auf einer geraden Oberfläche liegt.

Damit Steckschlitze richtig gut passen, musst du die Kanten mit einer kleinen Feile Schritt für Schritt glätten. Überprüfe zwischendurch immer wieder, ob alles passt. Manchmal musst du auch nach dem Bemalen noch nachfeilen.

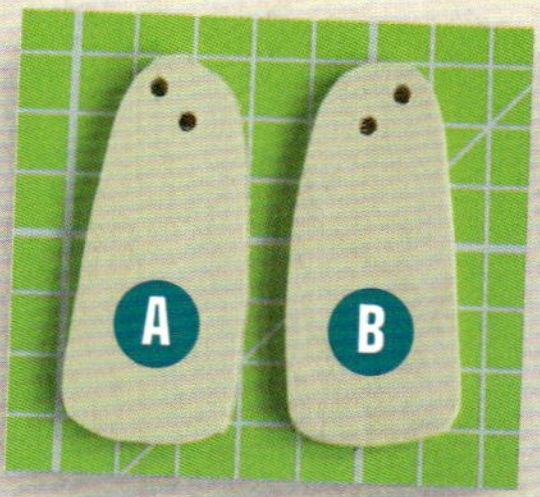

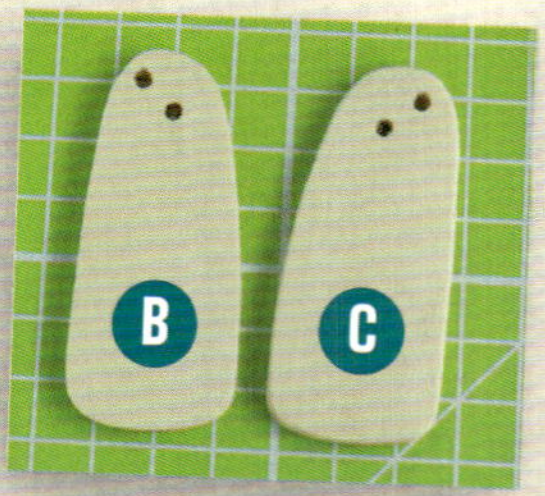

Das Schleifen der Kanten erfolgt in zwei Schritten: Zuerst glättest du die groben Kanten (**A**) mit Sandpapier oder einer (Nagel-) Feile. So werden die Kanten „gerader" und „runder" (**B**). Anschließend entgratest du die geglätteten Kanten. Dabei werden auch die kleinsten Splitter und rauen Stellen entfernt (**C**).

Achtung: Hier wird gebohrt!

Ohne Strom bohrst du am einfachsten mit einem Drillbohrer. Er macht Löcher mit einem Durchmesser von etwa 3 mm.

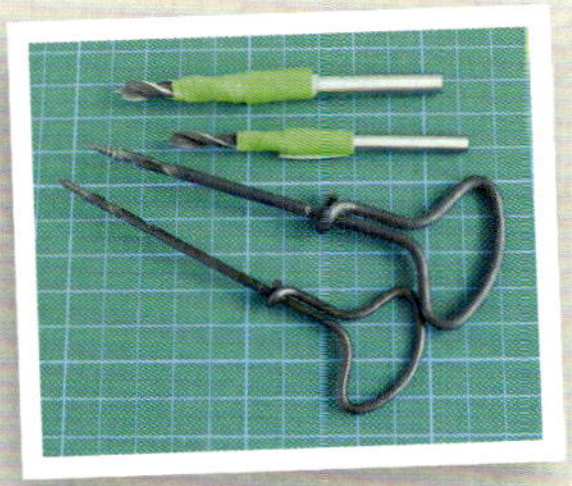

Mit einem Nagelbohrer oder einem Holzbohrer für die Bohrmaschine kannst du Löcher des Drillbohrers bei Bedarf erweitern. Drehe dafür einfach einen passenden Bohrer durch das vorhandene Loch.

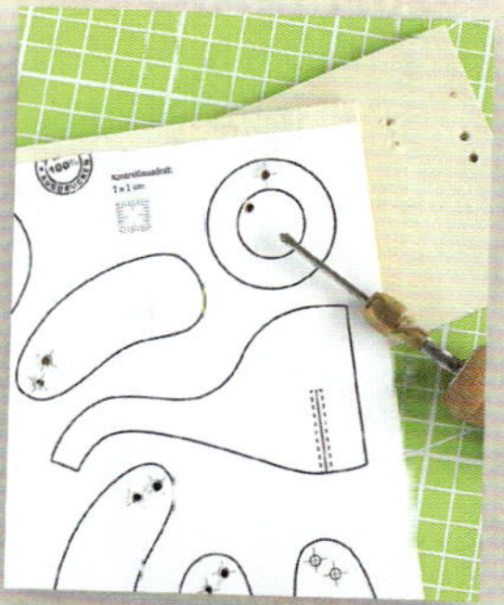

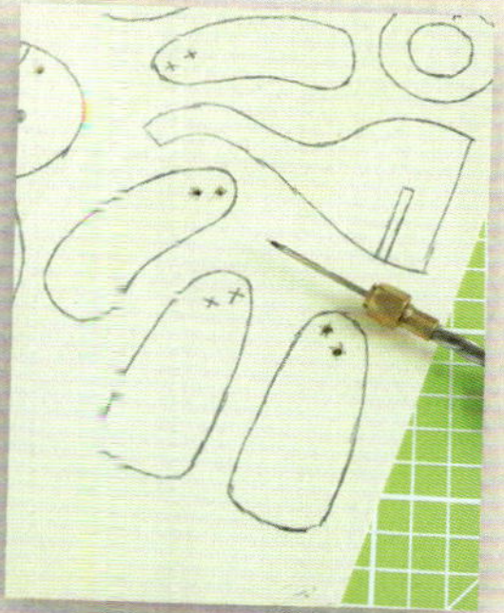

Meistens ist es besser, alle Löcher vor dem Sägen zu bohren. Dann ist die Sperrholzplatte insgesamt noch stabiler – und man rutscht auch nicht so leicht mit dem Bohrer ab. Beim Bohren solltest du übrigens immer ein Stück Holz unter dein Werkstück legen, um die Arbeitsfläche zu schützen.

Kleben und Leimen

Streiche einen gleichmäßigen, aber dünnen Film Leim auf die zu verklebenden Teile. Drücke sie längere Zeit fest zusammen. Das geht mit Klammern oder Zwingen.

Um den Druck einer Zwinge besser zu verteilen, kannst du ein kleines Brett verwenden. Wenn du es mit Paketband beklebst, haftet der Leim nicht daran.

Für deine Projekte brauchst du vor allem Holzleim. Manchmal hilft auch UHU Alleskleber. Damit die Verbindungen stabil werden, solltest du die zu verklebenden Teile mit Klammern und Zwingen fixieren.

Zum Schluss wird's bunt:

Die Malerarbeiten

Sperrholz lässt sich sowohl mit **Deck-** oder **Wasserfarben** als auch mit **Acrylfarben** gut bemalen. Die Deckfarben kennst du aus deinem Schulmalkasten. Darauf lassen sich mit **Bunt-** und **Filzstiften** leicht Details hinzufügen. Wenn du später etwas auf Acrylfarbe zeichnen willst, geht das nur mit **wasserfesten Filzstiften**.

Um keine Angst vorm Malen zu haben, kannst du es üben: **1.** Zeichne den Umriss deiner Laubsägearbeit auf einem festen Blatt Papier nach. **2.** Male die Umrisse mit Farben und Stiften so aus, wie du es später auf dem Sperrholz machen möchtest.

Wenn du dich nach dem Übungsbild sicher fühlst, geht es los mit dem Bemalen: **1.** Male erst alle Holzteile flächig an. **2.** Wenn die Farben getrocknet sind, fügst du Details wie Augen, Nasen und Münder mit Stiften hinzu.

… und was du sonst noch alles brauchen kannst.

Zum Biegen und Schneiden von Draht brauchst du eine **Kombizange**. Mit **Japan-**, **Fein-** oder **Bügelsäge** lassen sich gerade Schnitte machen.

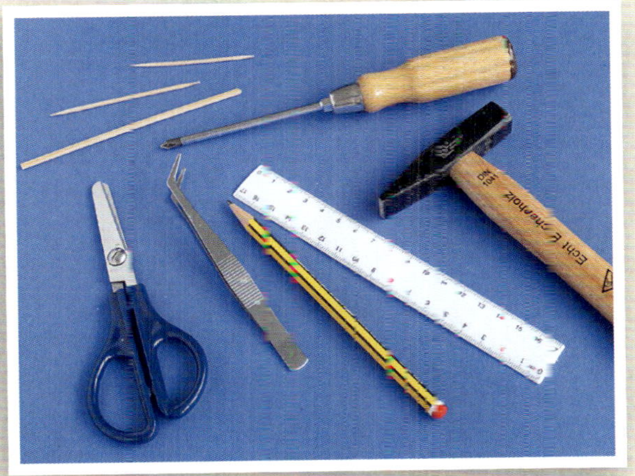

Deine üblichen Bastelutensilien wie Schere, Bleistift und Lineal ergänzt du am besten noch um Zahnstocher, Pinzette, Schraubendreher und Hammer.

Für die beweglichen Projekte (ab Seite 40) brauchst du Unterlegscheiben, kleine Holzschrauben, Nägel, Schrauben mit Muttern und Musterbeutelklammern.

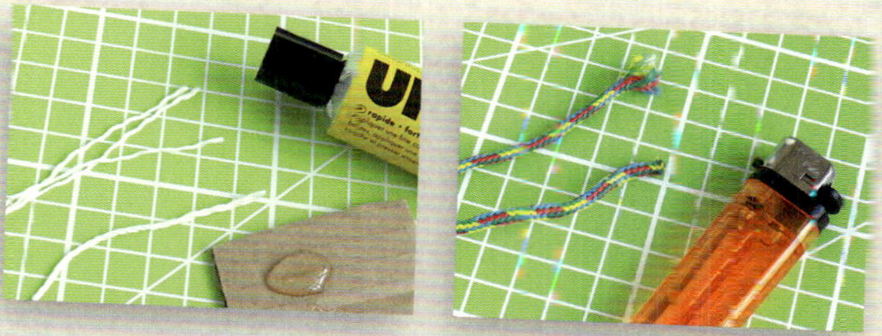

Schneidest du eine Schnur entzwei, entflechten sich oft die Enden. Damit das nicht passiert, kannst du die Stelle vorher mit UHU Alleskleber sichern. Oder du bittest einen Erwachsenen, das Ende einer (Kunststoff-) Schnur mit einem Feuerzeug zu verschweißen.

Davon kannst du nie genug haben: Wackelaugen in allen möglichen Größen.

Klebeband kann dir bei vielen Gelegenheiten helfen: **Malerband** als Schutz gegen Splittern und zum Fixieren. An **Paketband** haftet kein Leim, es hilft beim Verleimen (siehe Seite 13). **Textilklebeband** verbindet stabil verschiedene (Holz-) Teile.

Bär mit Buch

VORLAGE NR. 1 GRÜN

Wenn du die verschiedenen Teile des Bären aufeinander klebst, entsteht eine Art 3-D-Effekt.

Das brauchst du:

- Pappelsperrholz, 1× DIN A4, 4 mm stark
- Holzleim
- Deck- oder Acrylfarben, Bunt- und Filzstifte

Übertrage die Vorlage auf das Sperrholz und säge die einzelnen Teile des Bären aus.

Falls nötig, entferne die Vorlage und das Malerband und zeichne alle Details nach.

Glätte die Kanten mit einer Feile oder mit Sandpapier.

Klebe die Ohren mit Holzleim an den Kopf. Klebe die Arme, das Buch sowie die Füße auf den Körper.

Wenn der Leim getrocknet ist, kannst du Kopf und Hände aufkleben.

Male den Bär zum Schluss mit Farben und Stiften an.

Waschbär mit Werkzeug

Vorlage Nr. 2 Orange

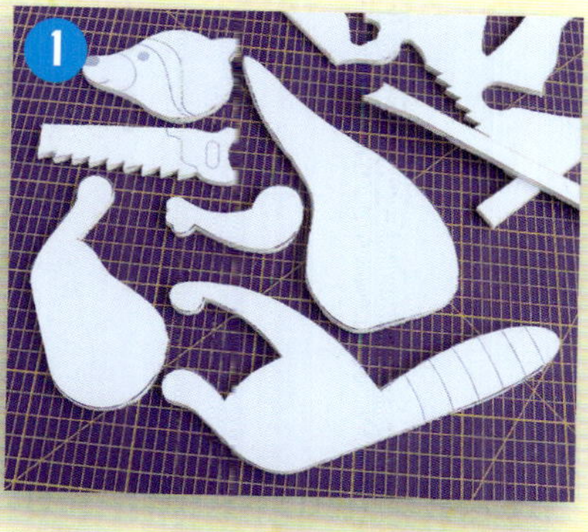

Übertrage die Vorlage auf das Sperrholz und säge die Teile des Waschbären aus.

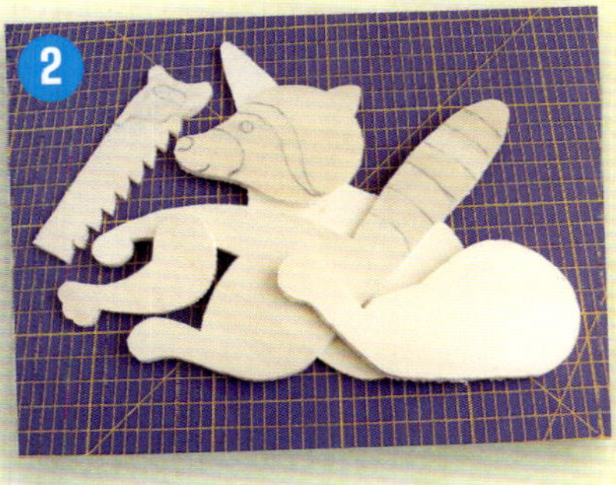

Falls nötig, entferne die Vorlage und das Malerband und zeichne alle Details nach.

Das brauchst du:

- Pappelsperrholz, 1× DIN A4, 4 mm stark
- Holzleim
- Deck- oder Acrylfarben, Bunt- und Filzstifte

Bei diesem 3-D-Bild ist es nicht ganz einfach, die Säge zwischen den Armen des Waschbären zu platzieren.

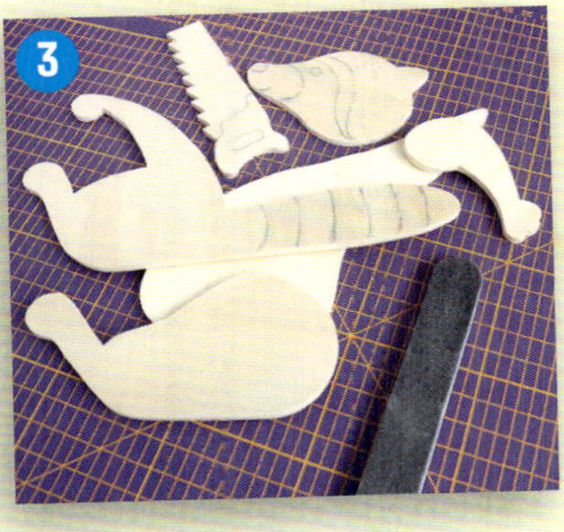

Glätte die Kanten mit einer Feile oder mit Sandpapier.

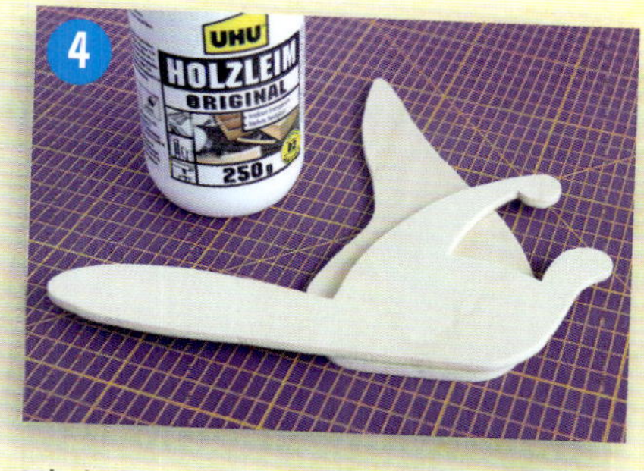

Klebe das Teil mit den Pfoten und dem Schwanz mit Holzleim auf der Rückseite des Körpers auf.

Wenn der Leim getrocknet ist, kannst du Kopf und Bein auf die Vorderseite aufkleben.

Male alle Teile des Waschbären und die Säge mit Farben und Stiften an.

Klebe zum Schluss die Säge und den vorderen Arm an den Rumpf an.

Stellbild: Wald

VORLAGE NR. 3 BLAU

Das brauchst du:

- Pappelsperrholz, 2× DIN A4, 4 mm stark
- Vierkantleiste (Fichtenholz), 13 × 13 mm, Länge muss 5 Stücke à 30 cm ergeben)
- Holzleim
- Deckfarben, Bunt- und Filzstifte

Die Tiere und Pflanzen dieses „3-D-Bildes“ kannst du immer wieder neu anordnen.

Übertrage die Vorlage auf das Sperrholz und säge alle Teile aus. Säge das große rechteckige Stück möglichst gerade ab.

Falls nötig, entferne die Vorlage und das Malerband und zeichne alle Details nach.

Glätte alle Kanten mit einer Feile oder mit Sandpapier.

Male nun die verschiedenen Tiere und Pflanzen mit Deckfarben und Stiften an.

Säge fünf Stücke der Vierkantleiste passend zur Breite des Sperrholzrechtecks zu.

Klebe die erste der fünf Leisten wie auf dem Foto mit Holzleim auf das Sperrholzbrettchen auf.

Klebe danach die zweite Leiste mit Holzleim auf. Mit kleinen Sperrholzresten sorgst du für den richtigen Abstand zwischen den Leisten. So machst du weiter, bis alle fünf Leisten auf dem Sperrholzbrettchen aufgeleimt sind.

Wenn der Leim getrocknet ist, sorgst du mit einer kleinen Feile und Sandpapier dafür, dass die Sperrholzteile gut in die Schlitze zwischen den Leisten passen.

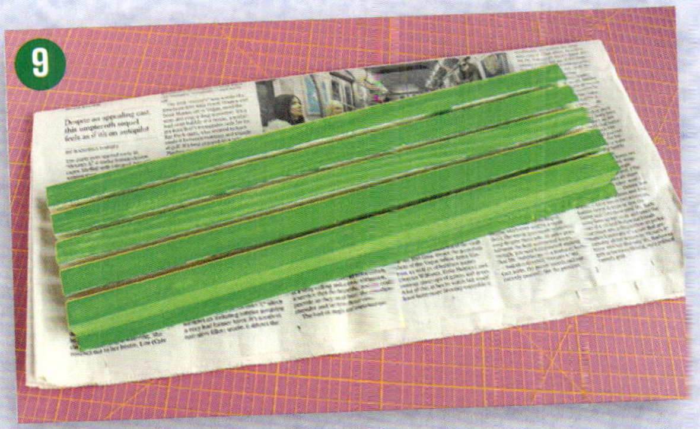

Zum Schluss malst du die fertige Bodenplatte farbig an.

VORLAGE NR. 4 TÜRKIS

Stellbild: Savanne

Mit diesem Bild zum Umstecken kannst du jederzeit ein neues Abenteuer in der Savanne gestalten.

Das brauchst du:

- Pappelsperrholz, 2× DIN A4, 4 mm stark, 1× DIN A5, 4 mm stark
- Vierkantleiste (Fichtenholz), 13 × 13 mm, Länge muss 5 Stücke à 30 cm ergeben)
- Holzleim
- Deckfarben, Bunt- und Filzstifte

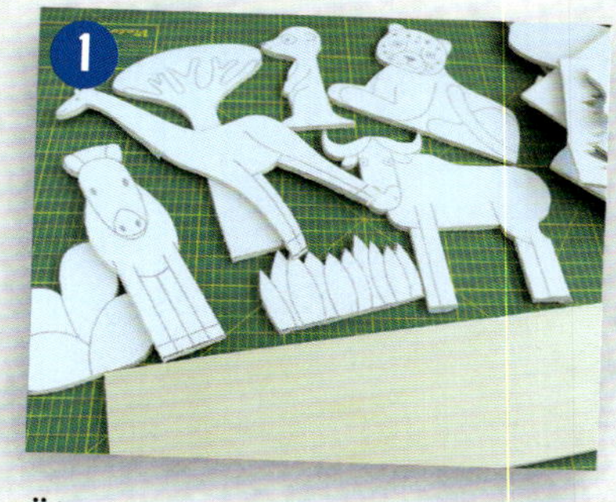

Übertrage die Vorlagen auf das Sperrholz und säge alle Teile aus. Säge das große rechteckige Stück gerade ab.

Falls nötig, entferne die Vorlage und das Malerband und zeichne alle Details nach.

Glätte alle Kanten mit einer Feile oder mit Sandpapier.

Male nun die verschiedenen Tiere und Pflanzen mit Deckfarben und Stiften an.

Zum Schluss bastelst du noch eine Bodenplatte nach der Anleitung auf Seite 19.

Stellbild:
Korallenriff

VORLAGE NR. 5 ROT

Jeden Tag finden andere Besucher zum Korallenriff.

Das brauchst du:

- Pappelsperrholz, 2× DIN A4, 4 mm stark
- Vierkantleiste (Fichtenholz), 13 × 13 mm, Länge muss 5 Stücke à 30 cm ergeben)
- Holzleim
- Deckfarben, Bunt- und Filzstifte

Übertrage die Vorlagen auf das Sperrholz und säge alle Teile aus. Säge das große rechteckige Stück gerade ab.

Falls nötig, entferne die Vorlage und das Malerband und zeichne alle Details nach.

Glätte alle Kanten mit einer Feile oder mit Sandpapier.

Male nun die verschiedenen Tiere und Pflanzen mit Deckfarben und Stiften an.

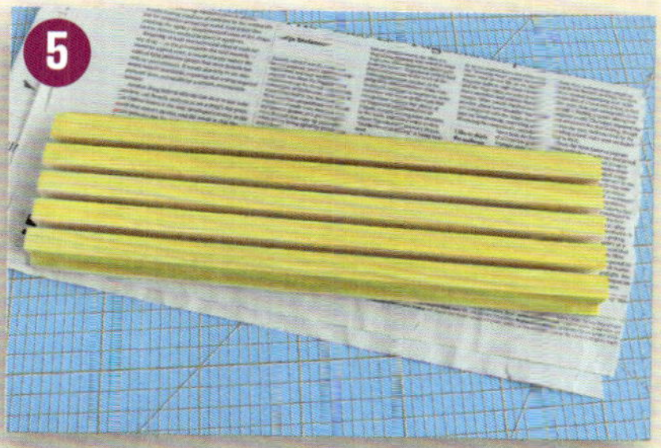

Zum Schluss bastelst du noch eine Bodenplatte nach der Anleitung auf Seite 19.

VORLAGE NR. 6 BLAU

Kantenhocker
Erdmännchen

Das brauchst du:

- Pappelsperrholz, 1× DIN A4, 4 mm stark
- Holzleim
- Acrylfarben, wasserfester Filzstift

Von seinem Platz im Regal aus beobachtet das Erdmännchen, was in deinem Zimmer so passiert.

Übertrage die Vorlage auf das Sperrholz und säge die einzelnen Teile aus.

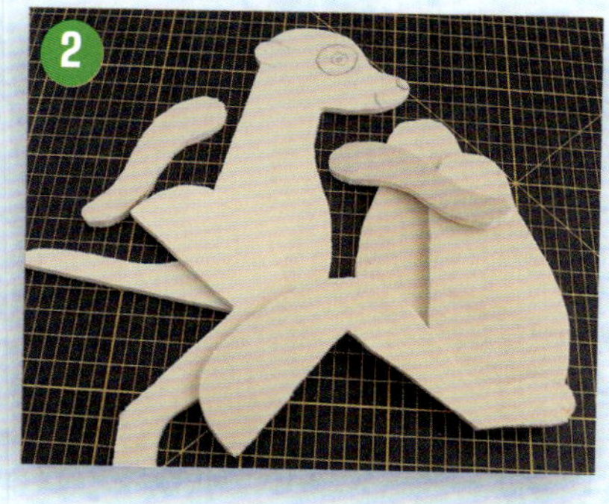

Falls nötig, entferne die Vorlage und das Malerband und zeichne alle Details nach.

Glätte die Kanten mit einer Feile oder mit Sandpapier.

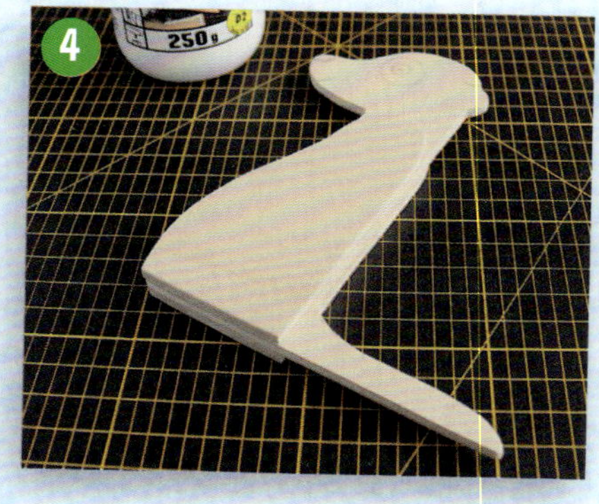

Klebe die drei Teile des Körpers mit Holzleim zusammen, sodass die geraden Kanten der „Sitzfläche“ bündig sind.

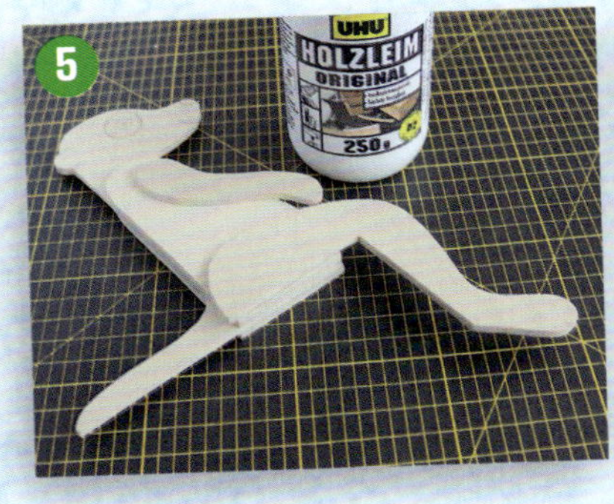

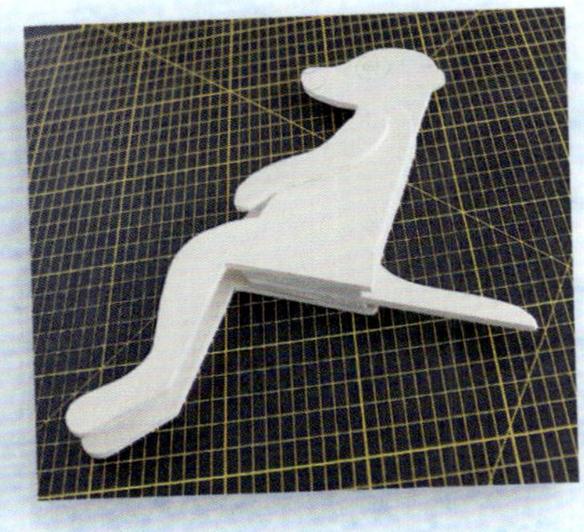

Klebe nun Arme und Beine erst auf der einen, dann auf der anderen Seite auf.

Male zum Schluss alles mit Farben und Stiften an.

Vorlage Nr. 7 Grün

Kantenhocker Nasenbär

Das brauchst du:

- Pappelsperrholz, 1x DIN A4, 4 mm stark
- Holzleim
- Acrylfarben, wasserfester Filzstift

Geduldig sitzt der Nasenbär auf dem Schrank oder im Regal.

1

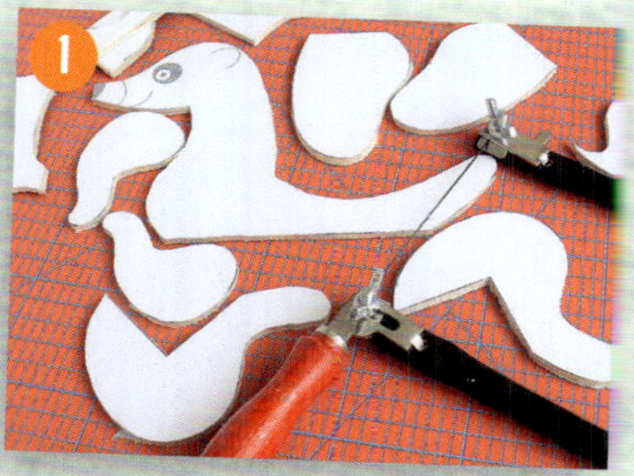

Übertrage die Vorlage auf das Sperrholz und säge die einzelnen Teile aus.

2

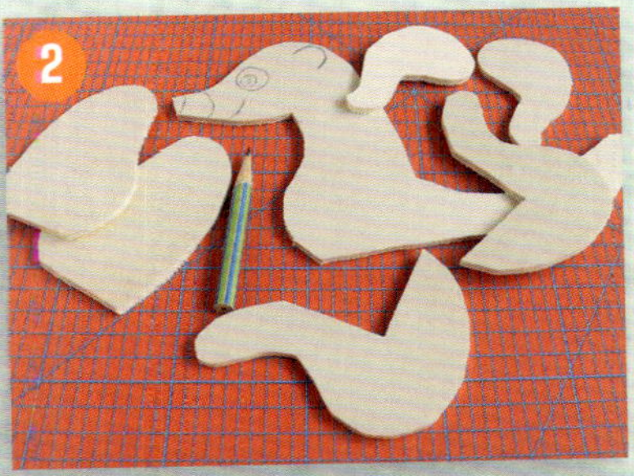

Falls nötig, entferne die Vorlage und das Malerband und zeichne alle Details nach.

3

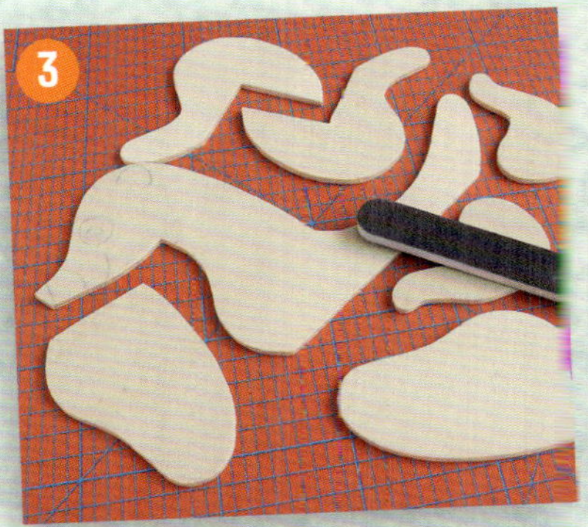

Glätte die Kanten mit einer Feile oder mit Sandpapier.

4

Klebe die drei Teile des Körpers so zusammen, dass die geraden Kanten der „Sitzfläche“ bündig sind.

5

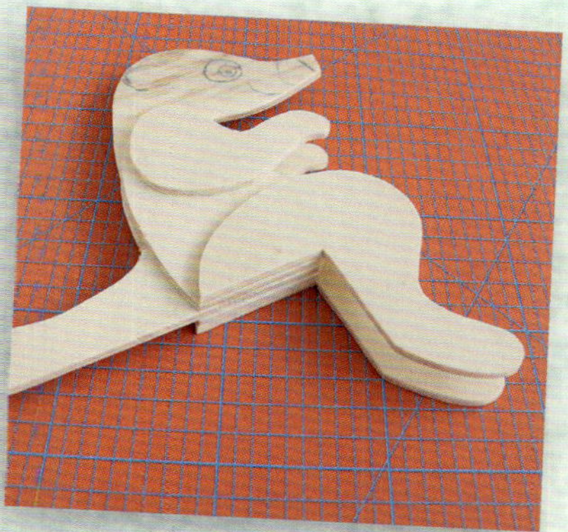

Klebe nun Arme und Beine erst auf der einen, dann auf der anderen Seite auf.

6

Male zum Schluss alles mit Farben und Stiften an.

Kantenhocker **Fuchs**

VORLAGE NR. 8 LILA

Das brauchst du:

- Pappelsperrholz, 1× DIN A4, 4 mm stark
- Holzleim
- Acrylfarben, wasserfeste Filzstifte

Der Fuchs bildet mit dem Hasen ein schönes Paar. Sie könnten zum Beispiel im Regal rechts und links neben deinen Lieblingsbüchern sitzen.

Übertrage die Vorlage auf das Sperrholz und säge die einzelnen Teile aus.

Falls nötig, entferne die Vorlage und das Malerband und zeichne alle Details nach.

Glätte die Kanten mit einer Feile oder mit Sandpapier.

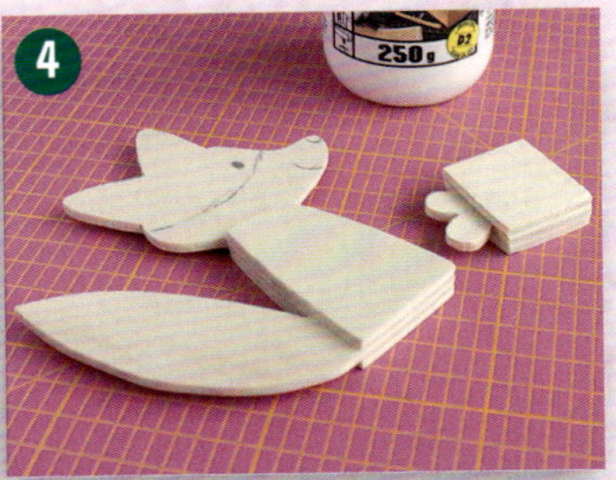

Klebe die drei Teile des Körpers mit Holzleim zusammen, sodass die geraden Kanten der „Sitzfläche“ bündig sind. Klebe auch die Teile für das Geschenk zusammen.

Male den Rumpf, das Geschenk sowie Arme und Beine mit Farben und Stiften an.

Klebe zum Schluss die Arme und Beine erst auf der einen, dann auf der anderen Seite auf, sodass beide Arme das Geschenk in ihren Händen halten.

Kantenhocker **Hase**

VORLAGE NR. 9 ORANGE

Das brauchst du:

- Pappelsperrholz, 1× DIN A4, 4 mm stark
- Holzleim
- Acrylfarben, wasserfeste Filzstifte

Der Hase schenkt dem Fuchs eine Riesenmöhre. Aber welches Geschenk versteckt sich im Paket vom Fuchs?

Übertrage die Vorlage auf das Sperrholz und säge die einzelnen Teile aus.

Falls nötig, entferne die Vorlage und das Malerband und zeichne alle Details nach.

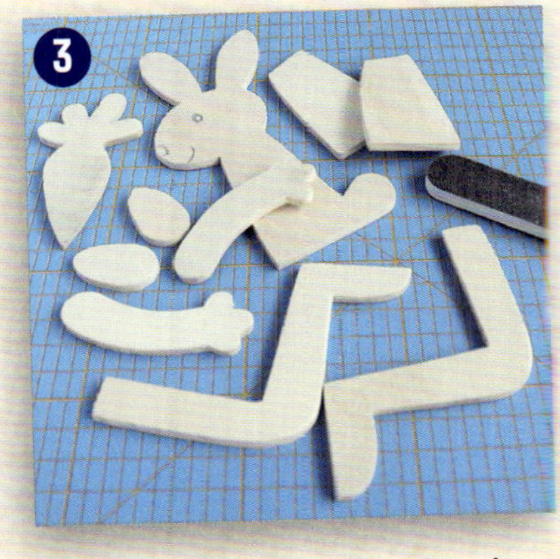

Glätte die Kanten mit einer Feile oder mit Sandpapier.

Klebe die drei Teile des Körpers mit Holzleim zusammen, sodass die geraden Kanten der „Sitzfläche“ bündig sind. Klebe auch die Teile für die Möhre zusammen.

Male nun den Rumpf, die Möhre sowie Arme und Beine mit Farben und Stiften an.

Klebe zum Schluss die Arme und Beine erst auf der einen, dann auf der anderen Seite auf, sodass beide Arme die Möhre in ihren Händen halten.

VORLAGE NR. 10 TÜRKIS

Tierpuzzle

Es ist gar nicht so einfach, alle Tiere wieder an ihren richtigen Platz zu legen.

Das brauchst du:

- Pappelsperrholz, 1× DIN A4, 4 mm stark (oder Birkensperrholz, 1× DIN A4, 3 mm stark)
- Sägeblatt, rund Nr. 3
- Deckfarben, Filz- und Buntstifte

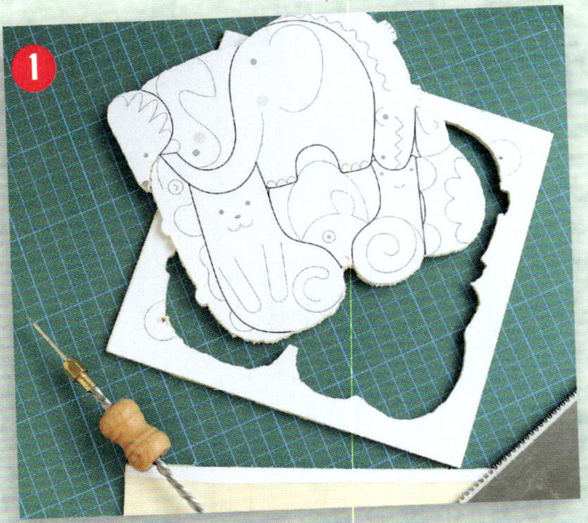

Übertrage die Vorlage auf das Sperrholz und säge die Tiere als ganzen Block aus dem Rahmen heraus. Der Rahmen muss ganz bleiben, das bedeutet, dass du vorbohren musst, um das Sägeblatt einzufädeln.

Säge nun die einzelnen Tiere auseinander und säge auch die „Grifflöcher“ aus.

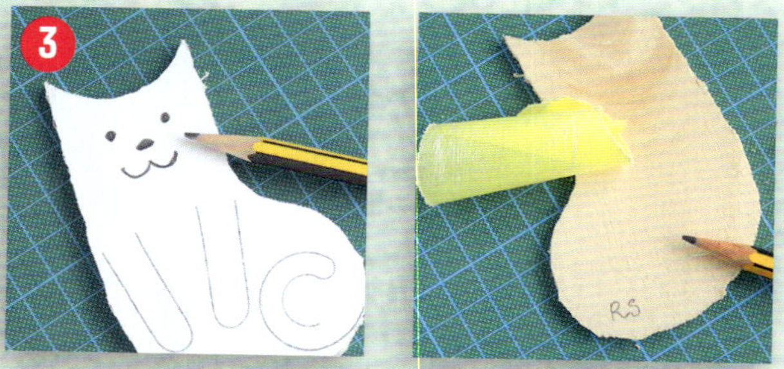

Falls nötig, entferne die Vorlagen und das Malerband und zeichne alle Details nach. Markiere die Rückseite, damit du später nichts verwechselst.

Glätte die Kanten mit einer Feile oder mit Sandpapier.

Male zum Schluss alle Teile an.

VORLAGE NR. 11 BLAU

Stapeltiere

Das brauchst du:

- Balsaholz, 2 Platten à 10 × 30 cm, 15 mm stark (oder Pappelsperrholz, 1× DIN A4, 10 mm stark)
- Acrylfarben, wasserfeste Filzstifte

Wie viele Tiere kannst du stapeln, bis der Turm umfällt?

Übertrage die Vorlage auf das Balsaholz und säge die einzelnen Tiere aus.

Löse die Vorlagen und das Malerband von den Holztieren ab und glätte die Seiten sorgfältig mit Sandpapier.

Bemale die Tiere mit Acrylfarbe. Die Sägekanten des Balsaholzes sind oft „durstig" und müssen gut gestrichen werden.

Zeichne zum Schluss noch die Gesichter auf.

VORLAGE NR. 12 LILA

Steck-Elefant

Das brauchst du:

- Pappelsperrholz, 1× DIN A4, 4 mm stark
- Acrylfarben, wasserfester Filzstift
- Wackelaugen, Ø ca. 10 mm

Übertrage die Vorlage auf das Sperrholz und säge alle Teile aus.

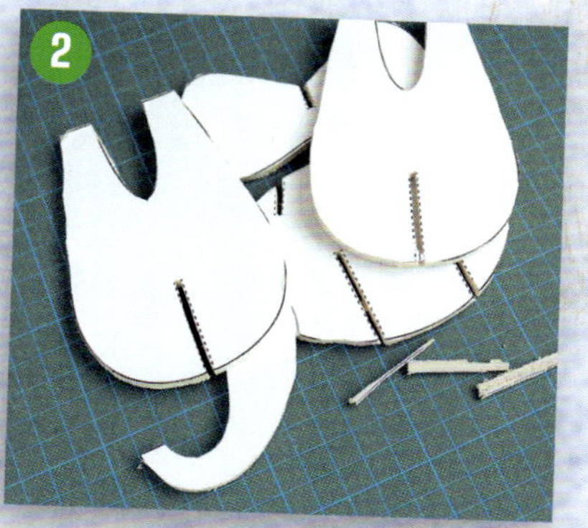

Säge nun die Schlitze vorsichtig aus. Achte darauf, dass sie nicht zu breit werden.

Dreimal „Klick“ und schon steht ein stattlicher Elefant vor dir.

Falls erforderlich, entferne die Vorlage und das Malerband und zeichne alle Details nach. Glätte die Kanten mit einer Feile oder mit Sandpapier.

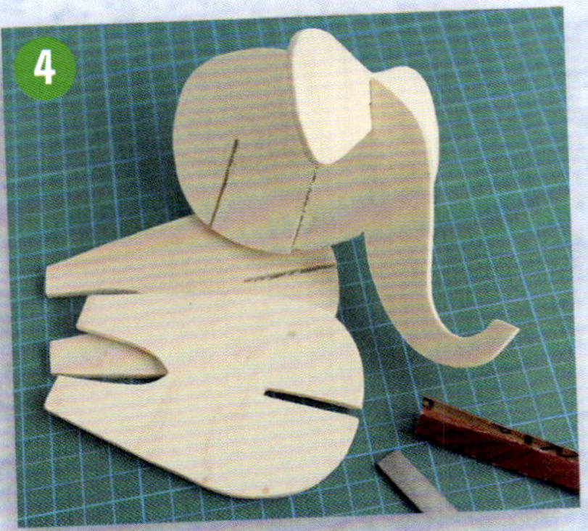

Arbeite die Schlitze mit einer dünnen Feile und Sandpapier nach. Die Schlitze sollten nun perfekt ineinander passen, aber nicht zu wacklig sein.

Bemale alle Teile vor dem Zusammensetzen mit Farben und Stiften und klebe die Wackelaugen auf. Falls etwas Farbe in die Schlitze läuft, musst du noch einmal vorsichtig feilen.

VORLAGE NR. 13 ORANGE

Steck-Gorilla

Der helle Fleck auf dem Rücken kennzeichnet diesen Gorilla als „Silberrücken". So nennt man ältere männliche Gorillas. Sie sind meistens auch der Chef ihrer Gruppe.

Das brauchst du:

- Pappelsperrholz, 1× DIN A4, 4 mm stark
- Acrylfarben, wasserfester Filzstift

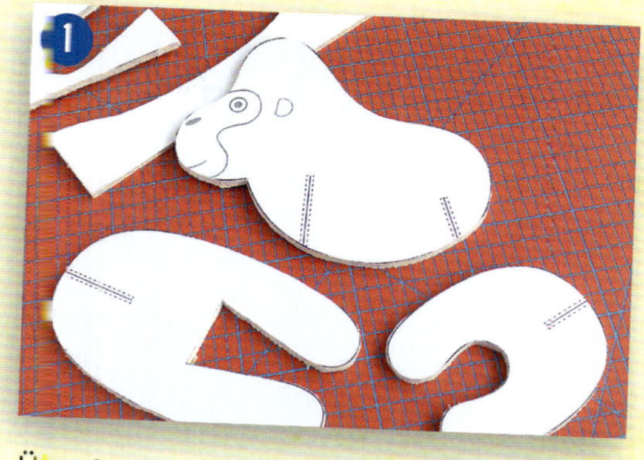

Übertrage die Vorlage auf das Sperrholz und säge die einzelnen Teile aus.

Säge danach die Schlitze aus. Achte aber darauf, dass sie nicht zu breit werden.

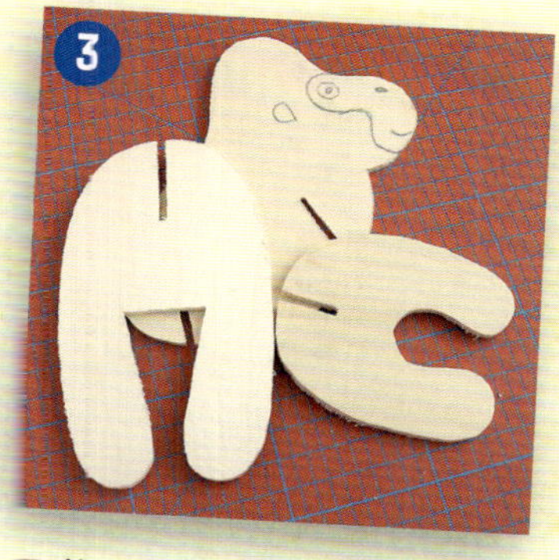

Falls nötig, entferne Vorlage und Malerband und zeichne die Details nach.

Glätte die Kanten mit einer Feile oder mit Sandpapier.

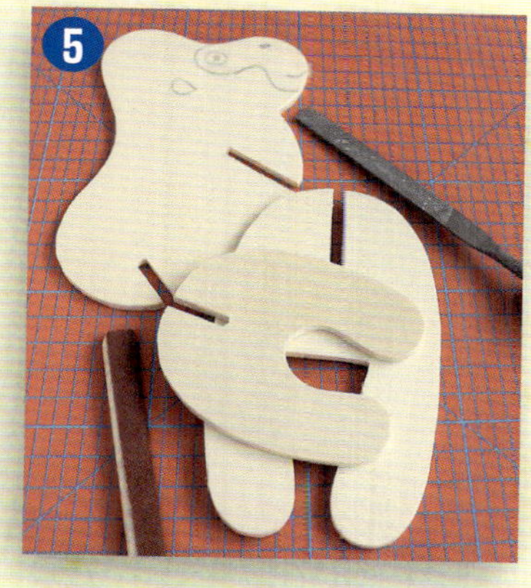

Arbeite die Schlitze mit einer dünnen Feile und Sandpapier nach. Danach sollten die Schlitze perfekt ineinander passen.

Male alle Teile vor dem Zusammensetzen an. Falls dabei Farbe in die Schlitze läuft, musst du noch einmal vorsichtig feilen.

Steck-Elch

VORLAGE NR. 14 ROT

Das brauchst du:

- Pappelsperrholz, 1× DIN A4, 4 mm stark
- Acrylfarben, wasserfeste Filzstifte

Die beiden Beinteile sehen sich zum Verwechseln ähnlich. Wenn der Elch schief steht, dann musst du die Vorder- gegen die Hinterbeine tauschen.

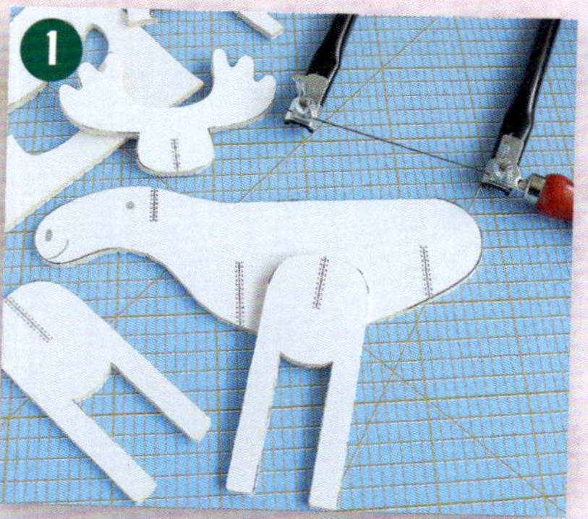

Übertrage die Vorlage auf das Sperrholz und säge die einzelnen Teile aus.

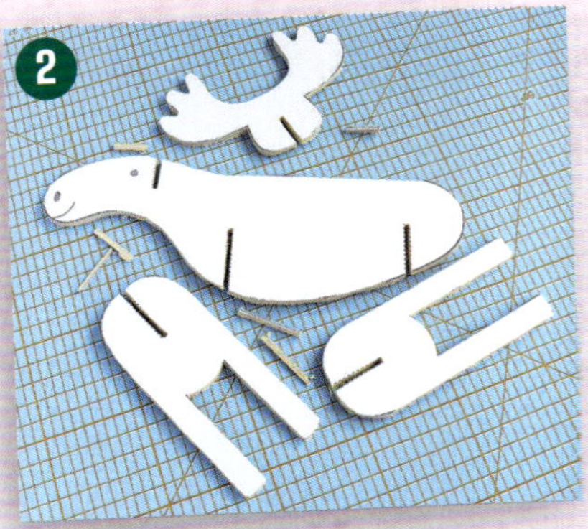

Säge nun die Schlitze vorsichtig aus. Achte darauf, dass sie nicht zu breit werden.

Falls erforderlich, entferne Vorlage und Malerband und zeichne alle Details nach.

Glätte die Kanten mit einer Feile oder mit Sandpapier.

Arbeite die Schlitze mit einer dünnen Feile und Sandpapier nach. Die Schlitze sollten nun perfekt ineinander passen, aber nicht zu wacklig sein.

Male alle Teile vor dem Zusammensetzen an. Falls dabei Farbe in die Schlitze läuft, musst du noch einmal vorsichtig feilen.

VORLAGE NR. 15 GRÜN

Steck-Dackel

Das brauchst du:

- Pappelsperrholz, 1× DIN A4, 4 mm stark
- Acrylfarben, wasserfeste Filzstifte

Dackel sind Hunde mit Charakter. Außerdem sind sie ziemlich lang und schlank.

Übertrage die Vorlage auf das Sperrholz und säge die einzelnen Teile aus.

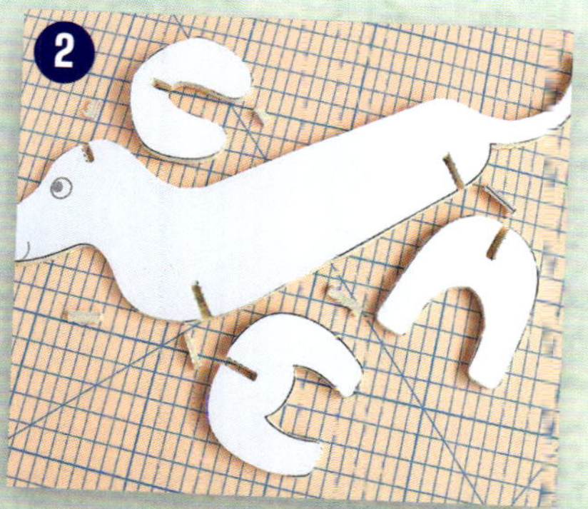

Säge nun die Schlitze vorsichtig aus. Sie sollten nicht zu breit werden.

Falls nötig, entferne die Vorlage und das Malerband und zeichne alle Details nach.

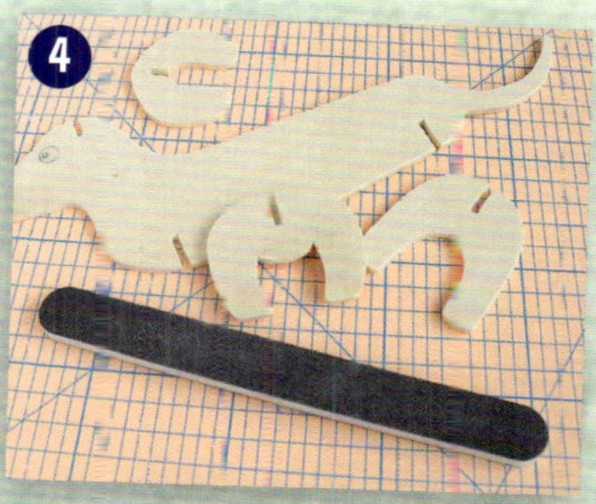

Glätte die Kanten mit einer Feile oder mit Sandpapier.

Arbeite die Schlitze mit einer dünnen Feile und Sandpapier nach. Die Schlitze sollten danach perfekt ineinander passen, aber nicht zu wacklig sein.

Male die Teile vor dem Zusammensetzen an. Falls die Farbe in die Schlitze läuft, musst du noch einmal vorsichtig feilen.

Steck-Löwe

VORLAGE NR. 16 ORANGE

Das brauchst du:

- Pappelsperrholz, 1× DIN A4, 4 mm stark
- Acrylfarben, wasserfester Filzstift

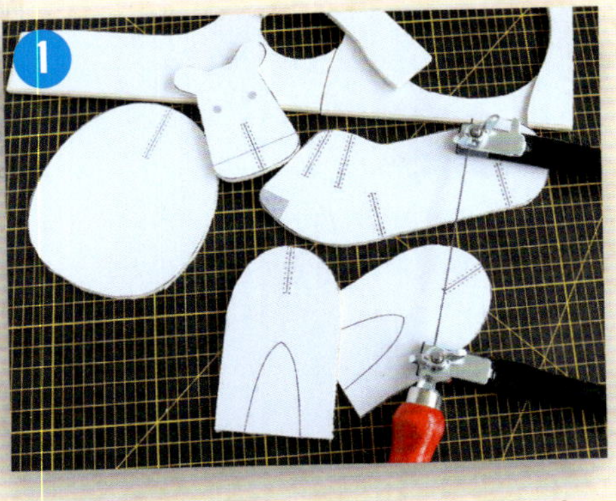

Übertrage die Vorlage auf das Sperrholz und säge alle Teile aus.

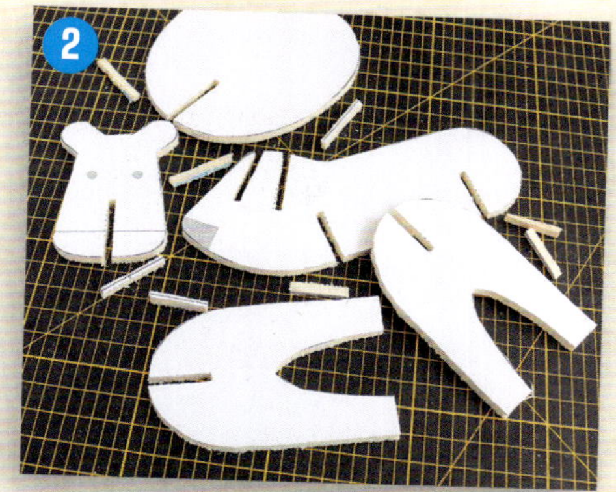

Säge nun die Schlitze vorsichtig aus. Achte darauf, dass sie dabei nicht zu breit werden.

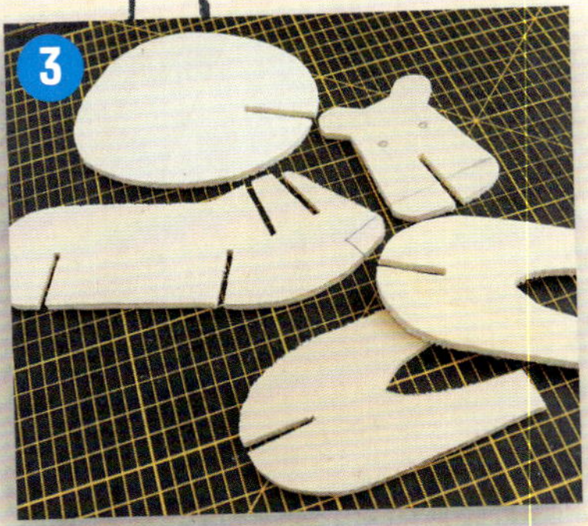

Falls nötig, entferne Vorlage und Malerband und zeichne die Details nach.

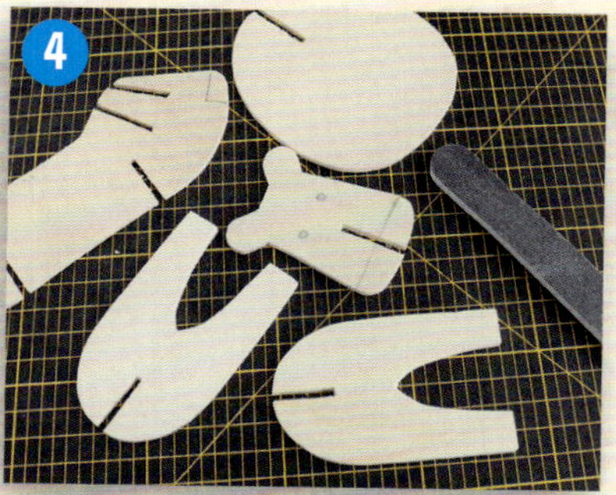

Glätte die Kanten mit einer Feile oder mit Sandpapier.

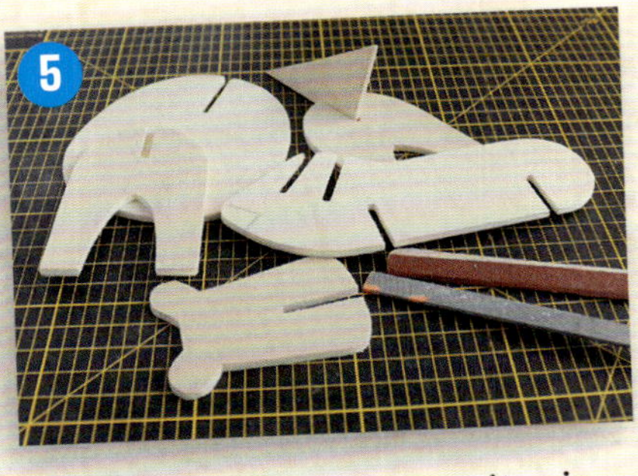

Arbeite die Schlitze mit einer dünnen Feile und Sandpapier nach. Diese sollten gut ineinander passen und nicht zu wacklig sein.

Male alle Teile vor dem Zusammensetzen an. Falls dir dabei Farbe in die Schlitze läuft, musst du noch einmal vorsichtig feilen.

Achte beim Zusammensetzen der Figur darauf, dass du erst den Kopf und dann die Mähne auf den Körper steckst.

Steck-Tukan

VORLAGE NR. 17 BLAU

Das brauchst du:

- Pappelsperrholz, 1× DIN A4, 4 mm stark
- Acrylfarben, wasserfeste Filzstifte

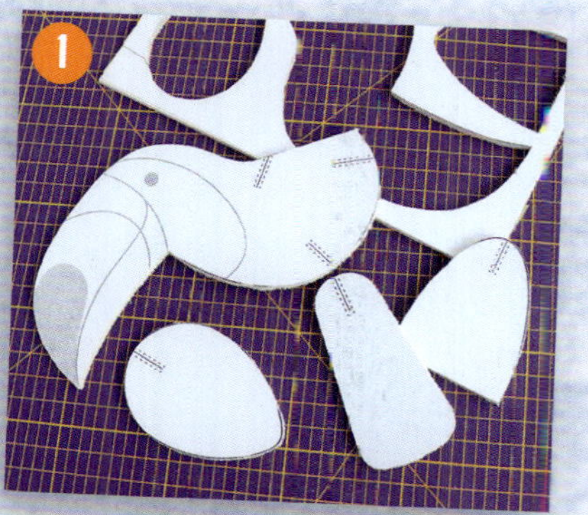

Übertrage die Vorlage auf das Sperrholz und säge die einzelnen Teile aus.

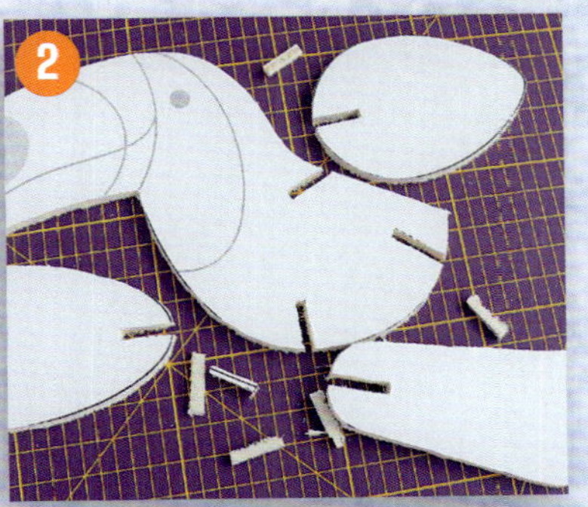

Säge nun die Steckschlitze aus. Achte darauf, dass sie nicht zu breit werden.

Wusstest du, dass der große Schnabel eines Tukans wie eine Art Klimaanlage funktioniert? Wird dem Tukan zu heiß, strömt mehr Blut durch die Gefäße im Schnabel und gibt so Wärme ab.

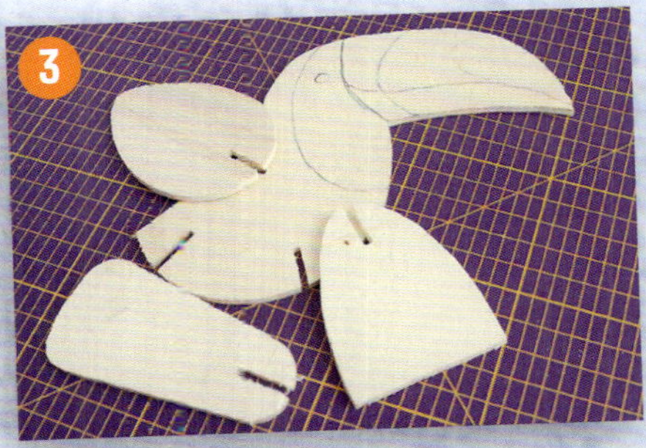

Falls nötig, entferne die Vorlage und das Malerband und zeichne alle Details nach.

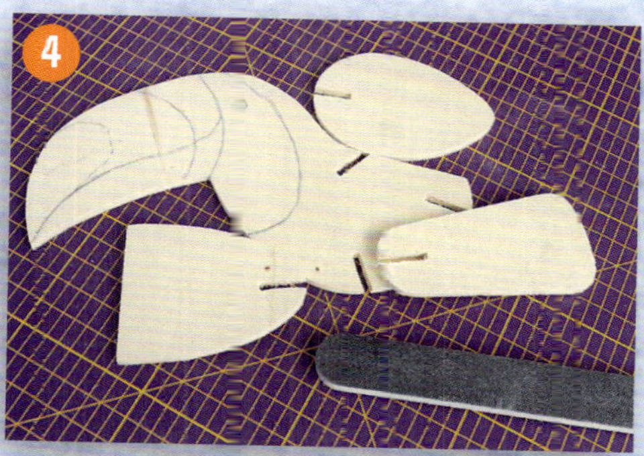

Glätte die Kanten mit einer Feile oder mit Sandpapier.

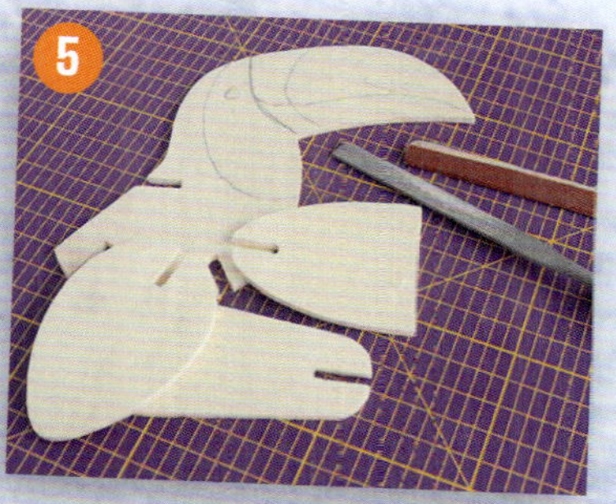

Arbeite die Schlitze mit einer dünnen Feile und Sandpapier nach. Diese sollten perfekt ineinander passen, aber nicht zu wacklig sein.

Male alles vor dem Zusammensetzen an. Falls etwas Farbe in die Schlitze läuft, musst du noch einmal vorsichtig feilen.

Steck-Panda

VORLAGE NR. 18 TÜRKIS

Das brauchst du:

- Pappelsperrholz, 1× DIN A4, 4 mm stark
- Acrylfarben, wasserfester Filzstift

Auch ein aus dünnem Sperrholz gebastelter Panda wirkt ziemlich dick und gemütlich.

Übertrage die Vorlage auf das Sperrholz und säge die einzelnen Teile aus.

Säge nun die Schlitze vorsichtig aus. Achte darauf, dass sie nicht zu breit werden.

Falls nötig, entferne Vorlage und Malerband und zeichne die Details nach. So kannst du auch markieren, wo später rechts (R) und links (L) bei den Füßen sind.

Glätte die Kanten mit einer Feile oder mit Sandpapier.

Arbeite die Schlitze mit einer dünnen Feile und Sandpapier nach. Diese sollten nun perfekt ineinander passen, aber nicht zu wacklig sein.

Male alle Teile vor dem Zusammensetzen an. Falls etwas Farbe in die Schlitze läuft, musst du noch einmal vorsichtig feilen.

VORLAGE NR. 19 ROT

Steck-T-Rex

Das brauchst du:

- Pappelsperrholz, 1× DIN A4, 4 mm stark
- Acrylfarben, wasserfester Filzstift

Übertrage die Vorlage auf das Sperrholz und säge die einzelnen Teile aus.

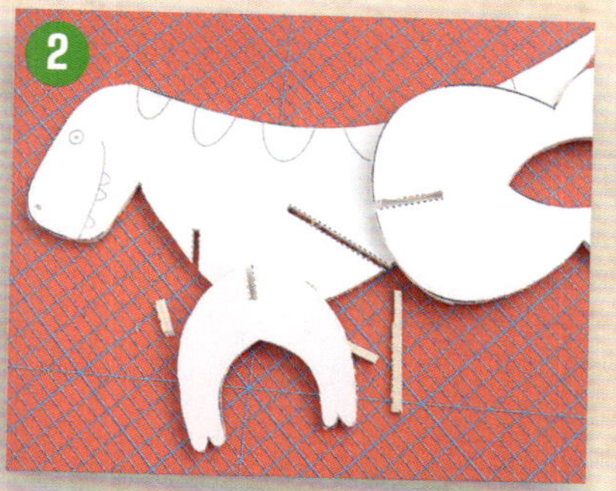

Säge nun die Steckschlitze aus. Achte darauf, dass sie nicht zu breit werden.

Zeichne alle Details nach, nachdem du – falls nötig – die Vorlage und das Malerband entfernt hast. Glätte die Kanten mit einer Feile oder mit Sandpapier.

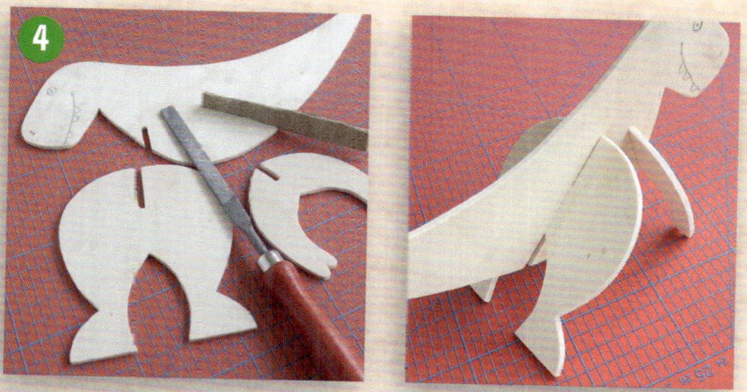

Arbeite die Schlitze mit einer dünnen Feile und Sandpapier nach. Diese sollten nun perfekt ineinander passen, aber nicht zu wacklig sein.

Das T in „T-Rex" steht für „Tyrannosaurus", das bedeutet: „Gewaltherrscher-Echse".

Male die Teile vor dem Zusammensetzen an. Zeichne Mund und Augen mit dem Filzstift nach. Falls Farbe in die Schlitze gelaufen ist, musst du noch einmal nachfeilen.

Steck-Triceratops

VORLAGE NR. 20 ORANGE

Das brauchst du:

- Pappelsperrholz, 1× DIN A4, 4 mm stark
- Acrylfarben, wasserfester Filzstift

„Triceratops“ heißt übersetzt „Drei-Hörner-Gesicht“. Du kannst ja mal nachzählen.

Übertrage die Vorlage auf das Sperrholz und säge alle Teile aus.

Säge nun die Schlitze vorsichtig aus. Achte darauf, dass sie nicht zu breit werden.

Falls erforderlich, entferne Vorlage und Malerband und zeichne alle Details nach.

Glätte die Kanten mit einer Feile oder mit Sandpapier.

Arbeite die Schlitze mit einer dünnen Feile und Sandpapier nach. Diese sollten perfekt ineinander passen, aber nicht zu wacklig sein.

Male alle Teile vor dem Zusammensetzen an. Falls etwas Farbe in die Schlitze läuft, musst du noch einmal vorsichtig feilen.

Steck-Stegosaurier

VORLAGE NR. 21 GRÜN

Übertrage die Vorlage auf das Sperrholz und säge die einzelnen Teile aus.

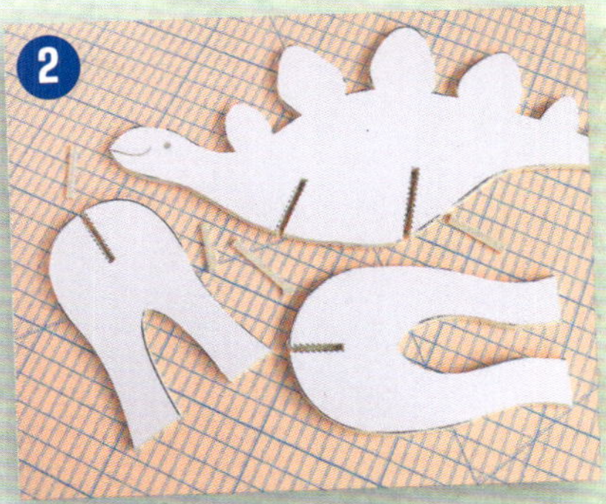

Säge nun die Schlitze vorsichtig aus. Achte darauf, dass sie nicht zu breit werden.

Das brauchst du:

- Pappelsperrholz, 1× DIN A4, 4 mm stark
- Acrylfarben, wasserfester Filzstift

Bis heute rätseln die Forscher, wozu die großen Rückenplatten gedient haben. Aber vielleicht waren sie einfach nur schick.

Falls nötig, entferne die Vorlage und das Malerband und zeichne alle Details nach.

Glätte die Kanten mit einer Feile oder mit Sandpapier.

Arbeite die Schlitze mit einer dünnen Feile und Sandpapier nach. Diese sollten perfekt ineinander passen, aber nicht zu wacklig sein.

Male alle Teile vor dem Zusammensetzen an. Falls etwas Farbe in die Schlitze läuft, musst du noch einmal vorsichtig feilen.

Känguru-Spardose

Das brauchst du:

- Pappelsperrholz, 1× DIN A4, 4 mm stark, 1× DIN A5, 4 mm stark
- Acrylfarben, wasserfester Filzstift

VORLAGE NR. 22 BLAU

Wenn dir das Basteln der Stecktiere Spaß gemacht hat, dann ist dieses Känguru ein passendes Projekt für dich. Denn hier wird nichts geklebt, nur gesteckt.

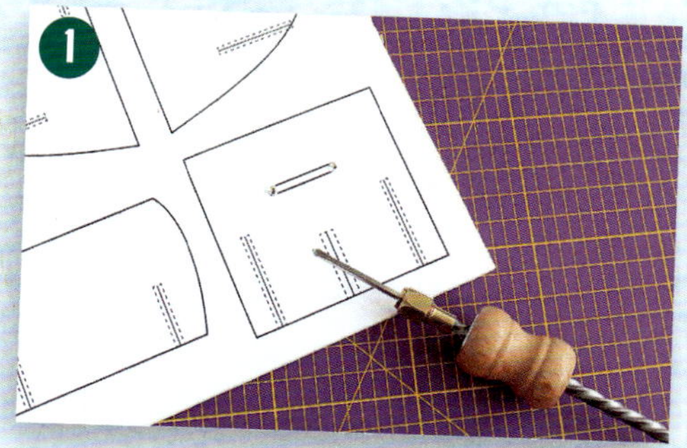

Übertrage die Vorlage auf das Sperrholz und bohre zunächst ein Loch für den Geldschlitz.

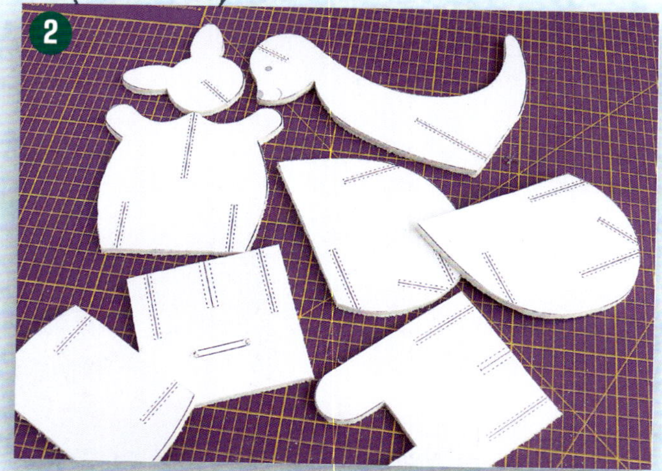

Säge anschließend alle Einzelteile aus.

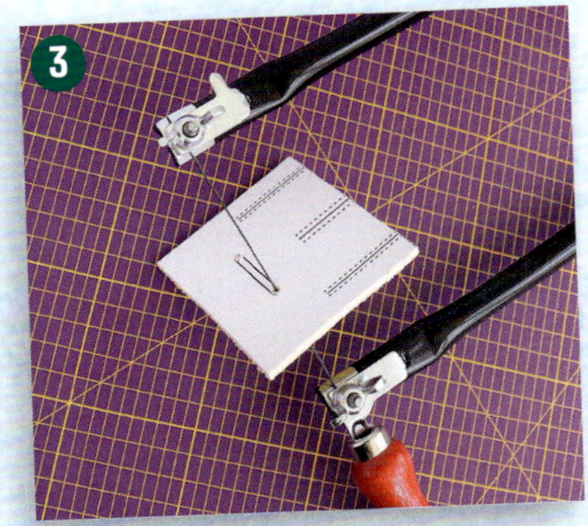

Fädele das Sägeblatt durch die Bohrung hindurch und säge den Geldschlitz aus.

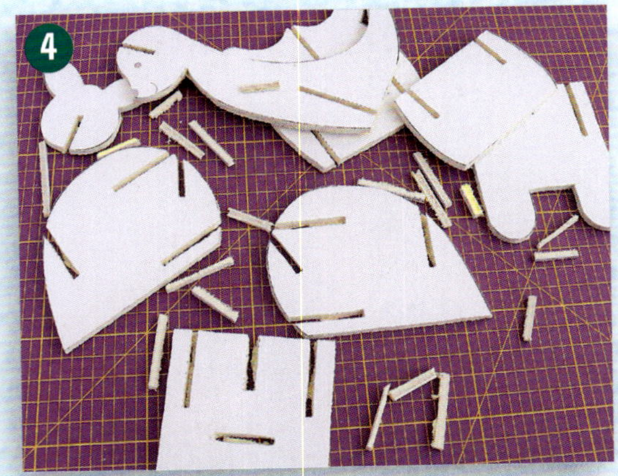

Säge anschließend die Schlitze vorsichtig aus. Achte dabei darauf, dass sie nicht zu breit werden.

Falls erforderlich, entferne die Vorlage und das Malerband und zeichne alle Details nach.

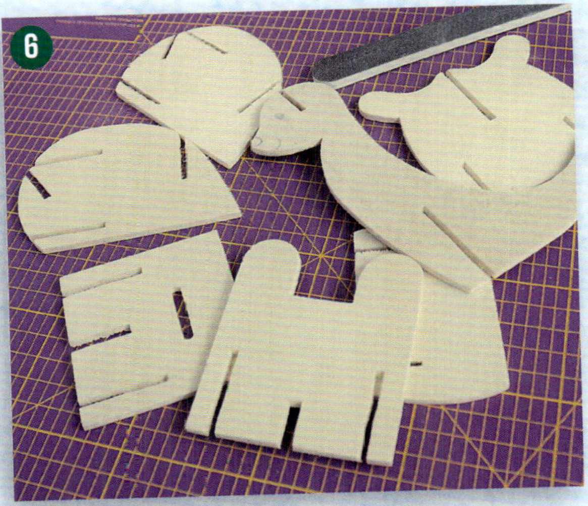

Glätte alle Außenkanten mit einer Feile oder mit Sandpapier.

Arbeite die Schlitze mit einer dünnen Feile und Sandpapier nach. Diese sollten gut ineinander passen, aber nicht zu wacklig sein.

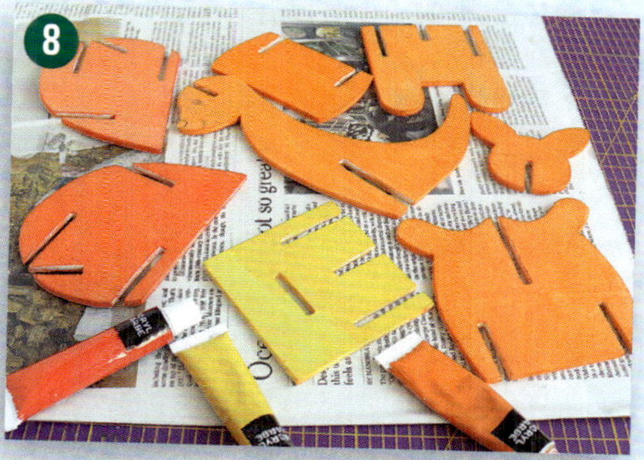

Male alle Teile vor dem Zusammensetzen an. Falls dabei etwas Farbe in die Schlitze läuft, musst du noch einmal vorsichtig feilen.

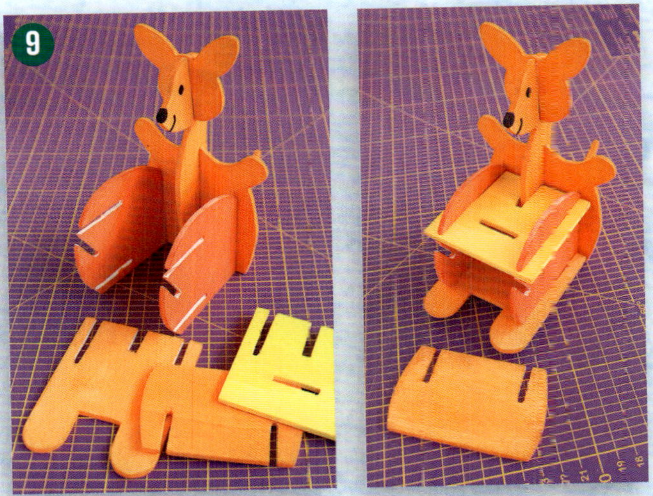

Wenn du die Teile zusammensteckst, solltest du folgende Reihenfolge beachten: 1. Körper, Kopf und Rücken; 2. seitliche Beinteile; 3. Boden (Füße) sowie die Platte mit dem Schlitz; 4. Front (schräg).

Weil du zum Öffnen der Spardose keinen Schlüssel brauchst, eignet sie sich ideal für deine „Notfall-Ersparnisse“.

Eichhörnchen-Wippe

Vorlage Nr. 23 Lila

Das brauchst du:

- Birkensperrholz, 1× DIN A4, 3 mm stark (oder Pappelsperrholz, 1× DIN A4, 4 mm stark)
- Vierkantleiste (Fichtenholz), 10 × 10 mm, Länge muss 2 Stücke à 6,5 cm ergeben
- 2 Holzspieße, Ø ca. 3 mm
- Holzleim
- Acrylfarben, wasserfester Filzstift
- Textilklebeband

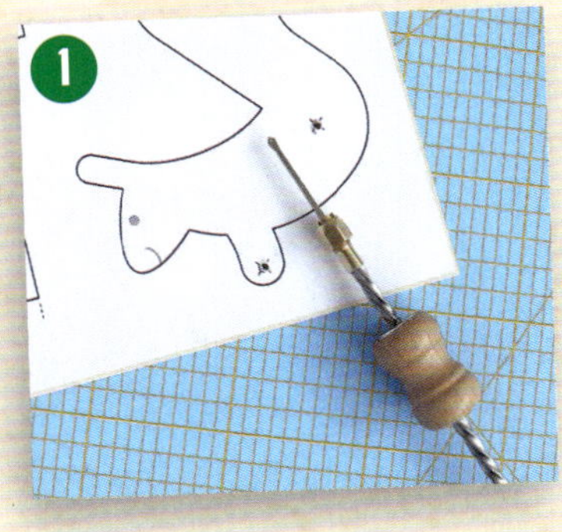

Übertrage die Vorlage auf das Sperrholz und bohre zunächst alle Löcher.

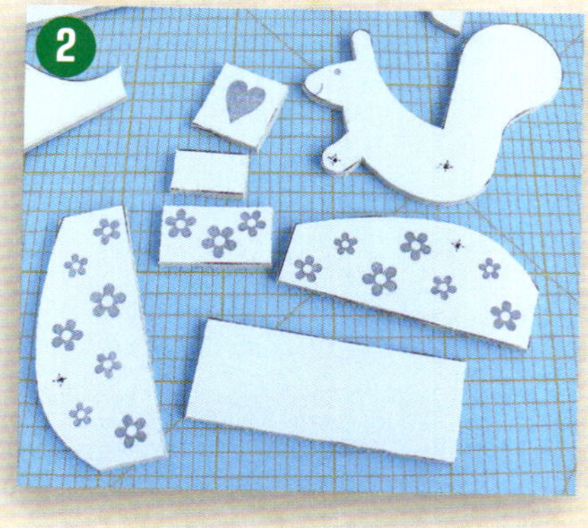

Säge danach alle Einzelteile der Eichhörnchen-Wippe aus.

Glätte die Kanten mit einer Feile oder mit Sandpapier, nachdem du gegebenenfalls Vorlage und Malerband entfernt hast. Zeichne auch die Details nach.

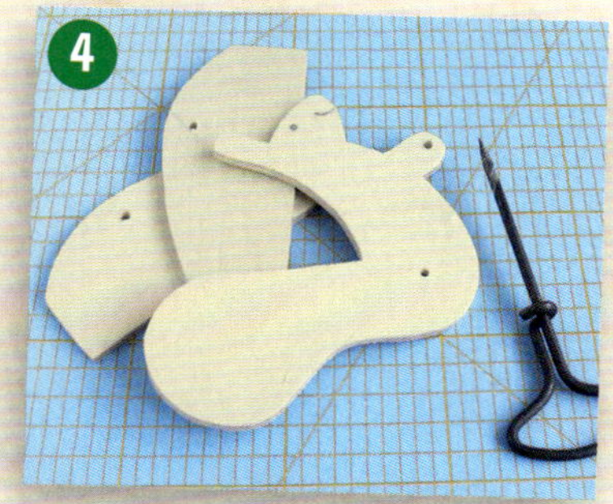

Erweitere alle Löcher bis auf das im „Bauch" des Eichhörnchens, sodass der Holzspieß locker hindurch passt.

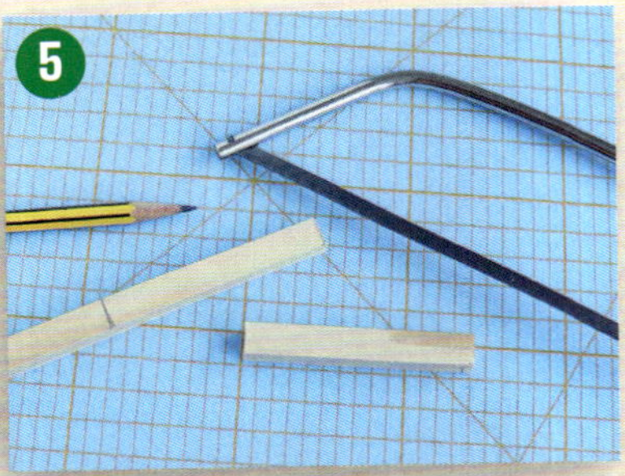

Säge zwei 6,5 bis 7 cm lange Stücke von der Vierkantleiste ab.

Male alle Teile vor dem Zusammensetzen an. Dem Verbindungsteil gibst du die Farbe des Textilklebebands (hier ist es gelb).

Leime nun den Sockel zusammen: Zuerst die Leisten an die Bodenplatte, dann die Seitenteile an die Leisten (Löcher über den Leisten), zum Schluss klebst du die Front auf.

Zeichne in der Mitte des Verbindungsstücks einen 6 mm breiten Spalt an.

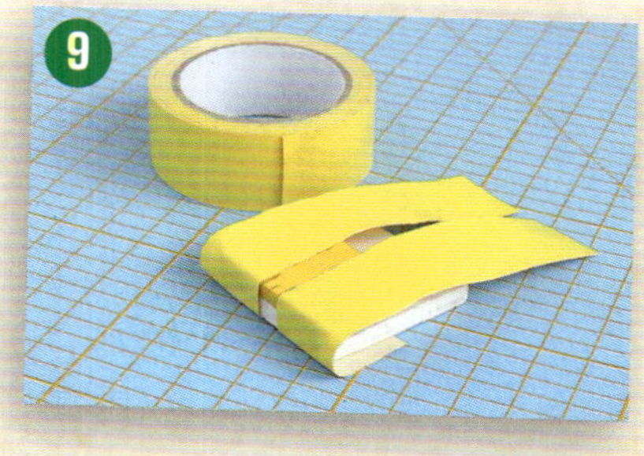

Lege das Verbindungsstück bündig auf das Herz-Schild. Verbinde die Teile rechts und links von der Markierung mit je einem etwa 10 cm langen Streifen Klebeband.

Schneide die seitlichen Ränder des Klebebands passend ab. Klebe damit die klebrige Innenseite des Klebebandscharniers ab.

Stecke ein Stück vom Holzspieß durch das Loch im „Arm" des Eichhörnchens und befestige es mit dem Klebeband am (gelben) Verbindungsstück. Schneide dann alles, was übersteht, sauber ab.

Befestige das Herz-Schild (und die Eichhörnchen-Figur) mit Textilklebeband von innen an der Front des Sockels.

Setze einen Holzspieß als Achse ein. Dieser verbindet das Eichhörnchen mit dem Sockel. Dazu wird er mit etwas Holzleim im (engen) Loch im Eichhörnchenbauch festgeklebt. In den Löchern des Sockels kann er sich frei drehen. Kürze den Spieß auf jeder Seite so, dass nur etwa 1 cm übersteht.

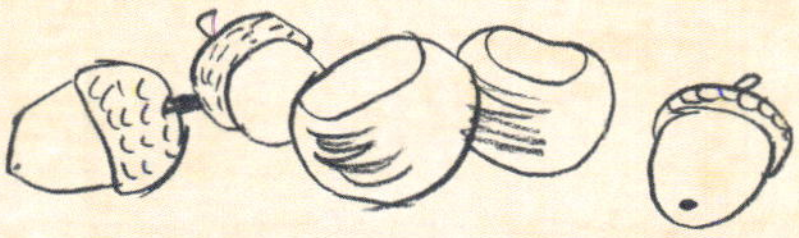

Tippst du dem Eichhörnchen auf den Schwanz, zeigt es dir seine „herzliche" Botschaft.

Klapp-Krokodil

Vorlage Nr. 24 Türkis

Das brauchst du:

- Birkensperrholz, 1× DIN A4, 3 mm stark
- 4 Musterbeutelklammern
- Acrylfarben, wasserfeste Filzstifte

Bewegliche Spielzeuge wie dieses Klapp-Krokodil gab es übrigens schon vor über hundert Jahren.

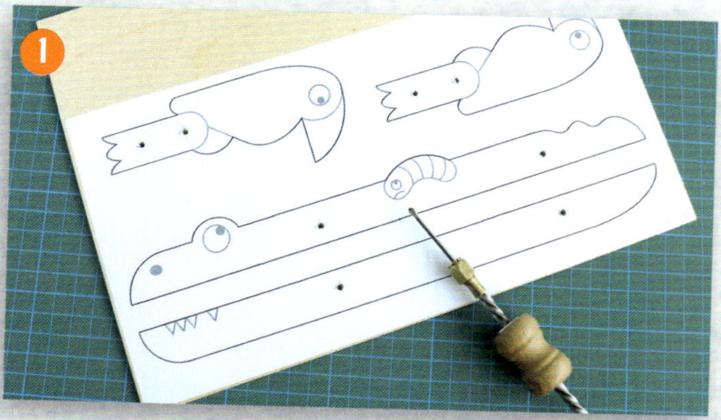

Übertrage die Vorlage auf das Sperrholz und bohre zunächst die Löcher für die Verbindungen.

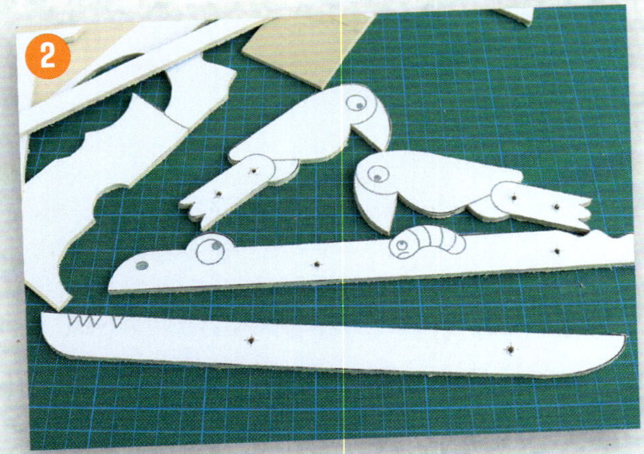

Säge anschließend alle Einzelteile aus.

Falls erforderlich, entferne Vorlage und Malerband und zeichne alle Details nach.

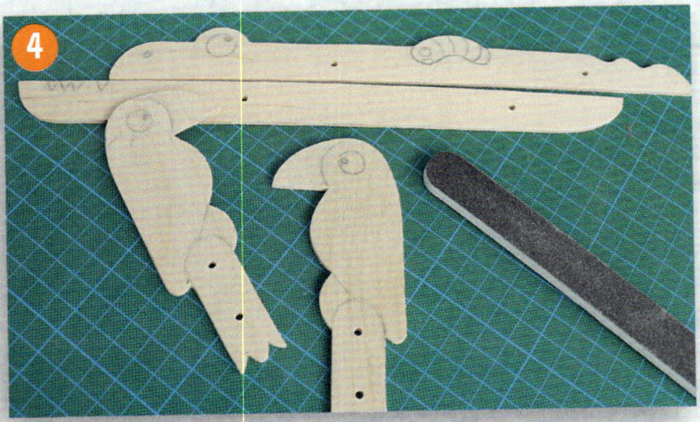

Glätte alle Kanten mit einer Feile oder mit Sandpapier. Ziehe die geraden Kanten des Krokodils über Sandpapier, das auf dem Tisch aufliegt, damit sie möglichst eben werden.

Male alle Teile vor dem Zusammensetzen mit Acrylfarben an. Zeichne die Konturen mit wasserfesten Filzstiften nach.

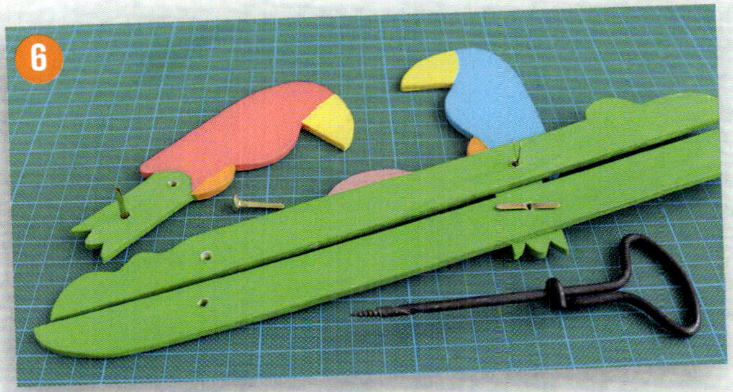

Verbinde die vier Teile des Klapp-Krokodils mit den Musterbeutelklammern. Biege die Enden der Klammern auf der Rückseite des Krokodils um. Die Klammern sollten sich leicht drehen lassen. Eventuell musst du die Löcher mit einem Nagelbohrer etwas größer machen.

Wenn du den Bauch des Krokodils hin und her bewegst, streiten sich zwei Vögel darum, wer das Krokodil von dem lästigen Plagegeist befreien darf.

Bienenspiel

VORLAGE NR. 25 ROT

Das brauchst du:

- Pappelsperrholz, 2× DIN A4, 4 mm stark, 1× DIN A5, 4 mm stark
- Vierkantleiste (Fichte), 20 × 20 mm, Länge muss 2 Stücke à ca. 20 cm ergeben
- Holzleim, UHU Alleskleber
- Deckfarben, Bunt- und Filzstifte
- Mini-Wackelaugen, Ø ca. 5 mm
- Schnur, Ø ca. 1 mm, 1,20 m lang
- 2 Ringschrauben, 3 mm, Ring-Ø 6 mm
- Murmeln, Ø mindestens 15 mm, maximal 20 mm

1 Übertrage die Vorlage auf das Sperrholz. Bohre alle mit einem Kreuz markierten Löcher für die Schnur und die Ringösen. Bohre auch überall dort, wo du später eine Öffnung aussägen musst.

2 Säge anschließend die Einzelteile für die Biene aus. Zum Aussägen aller Öffnungen benötigst du etwas Geduld, da du das Sägeblatt jedes mal aus- und wieder einspannen musst.

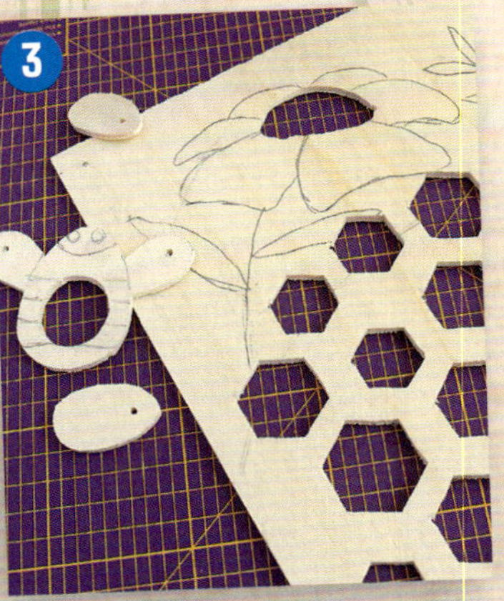

3 Falls nötig, entferne die Vorlage und das Malerband und zeichne alle Details nach.

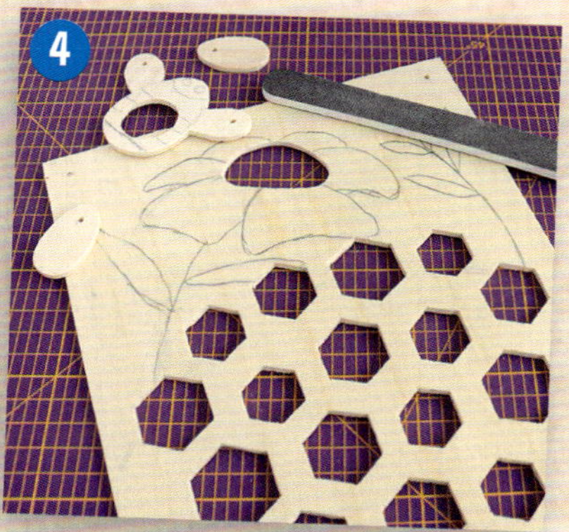

4 Glätte die Innen- und Außenkanten mit einer Feile oder mit Sandpapier.

5 Male die Teile der Biene (außer dem Holzring) mit Acrylfarbe an. Male die großen Platten auf beiden Seiten mit Deckfarbe an.

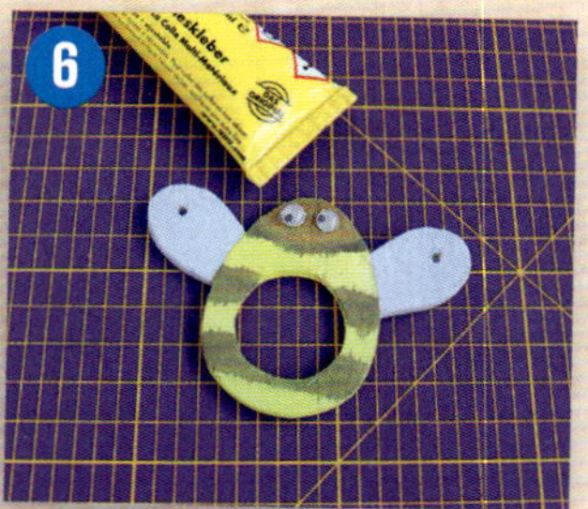

6 Klebe die Wackelaugen mit Alleskleber auf.

7 Klebe den Holzring mit Holzleim auf die Unterseite der Biene.

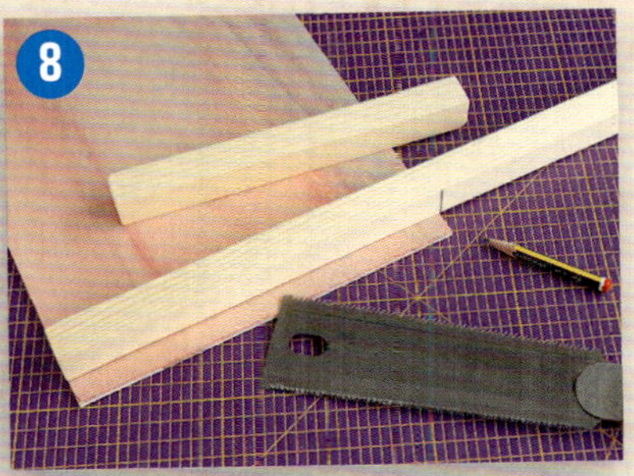

Säge von der Vierkantleiste zwei etwa 20 cm lange Stücke ab. Das kannst du einfach an der schmalen Seite der Rückwand abmessen.

Klebe die Leisten mit Holzleim oben und unten auf die Rückwand auf.

Leime die Vorderseite auf die Leisten auf. Schraube die beiden Ringschrauben in die dafür vorgesehenen Löcher.

Schneide zwei 80 cm lange Stücke der Schnur ab und fädele sie durch die Löcher in den Bienenflügeln. Sichere die Enden mit zwei Knoten.

Fädele die Enden der Schnüre durch die Ösen der Ringschrauben und die Griffe. Befestige sie mit einem Knoten.

Spielanleitung: Bewege die Murmel von unten nach oben bis zur Blüte, ohne dass sie in die wabenförmigen Löcher fällt. Dazu darfst du nur an den beiden Schnüren ziehen.

VORLAGE NR. 26 ORANGE

Purzelbaum-Delfin

Das brauchst du:

- Birkensperrholz, 1× DIN A5, 3 mm stark
- Rundholz (Buche), Ø 6 mm, 18 cm lang
- Holzleim, UHU Alleskleber
- Schnur, Ø ca. 12 mm, 1,20 m lang
- Acrylfarben, wasserfester Filzstift

Um seine schnellen Saltos zu machen, braucht der Delfin einen Haken, an dem er hängen kann.

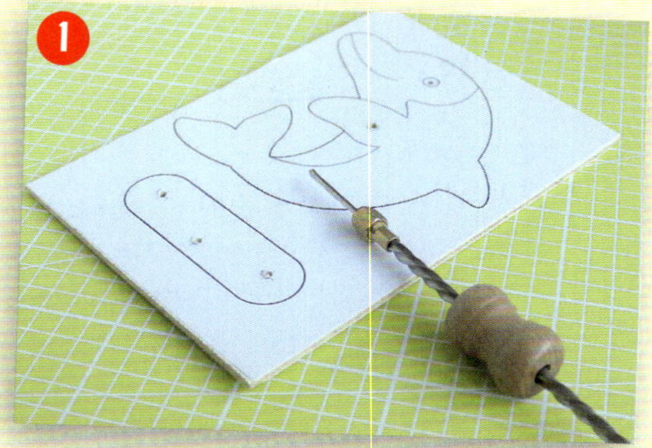

Übertrage die Vorlage auf das Sperrholz und bohre alle Löcher.

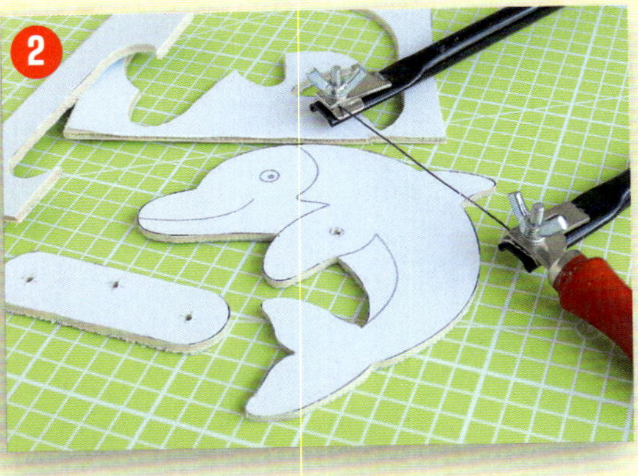

Säge anschließend alle Einzelteile aus.

Falls erforderlich, entferne die Vorlage und das Malerband und zeichne alle Details nach.

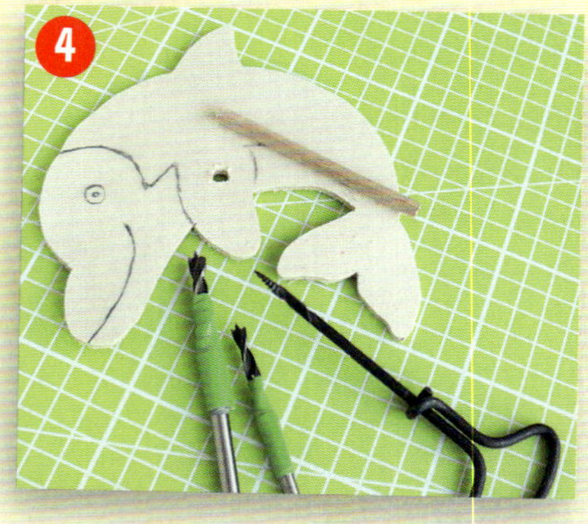

Passe die Größe des Lochs genau auf den Durchmesser des Rundstabs an. Teste dabei mit einem Reststück, ob es fest sitzt.

Glätte alle Kanten mit einer Feile oder mit Sandpapier.

Male den Delfin von beiden Seiten mit Acrylfarben an. Zeichne Mund und Auge mit dem Filzstift nach.

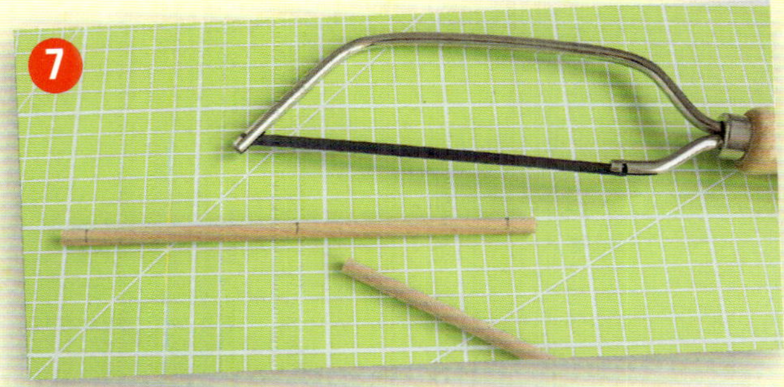

Säge vom Rundstab ein 18 cm langes Stück ab. Markiere sowohl die Mitte als auch zwei jeweils 1 cm breite Abstände an den Enden.

Säge vorsichtig zwei Rillen in die Enden des Rundstabs. Sie sollten jeweils etwa 1 cm von den Enden entfernt sein.

Klebe nun den Rundstab mit Holzleim im Loch des Delfins fest. Der Stab sollte auf beiden Seiten gleich weit überstehen.

Fädele die Schnur durch die unteren Löcher der Aufhängung. Knote die Enden der Schnur in den Rillen an den Enden des Rundstabs fest und fixiere sie mit etwas Alleskleber.

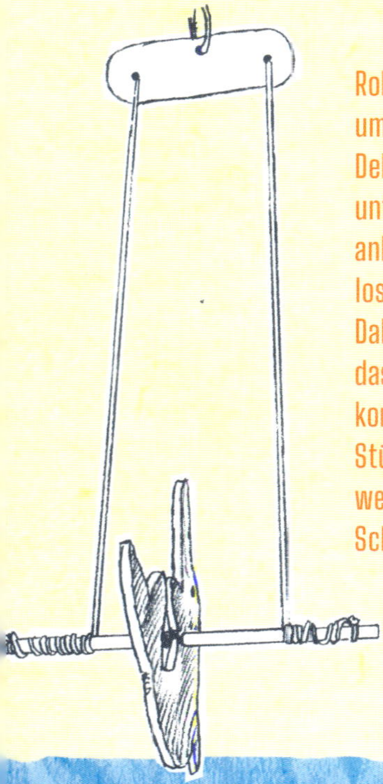

Rolle die Schnur des Delfins um den Rundstab auf, bis der Delfin etwa 20 bis 30 cm unterhalb der Aufhängung ankommt. Wenn du ihn nun loslässt, rollt er sich ab. Dabei hat er so viel Schwung, dass er sich, unten angekommen, wieder ein gutes Stück aufrollt. So geht es weiter bis er seine ganzen Schwung aufgebraucht hat.

Kletter-Faultier

VORLAGE NR. 27 LILA

Das brauchst du:

- Birkensperrholz, 1× DIN A4, 3 mm stark
- Schnur, Ø 3 mm, 1,20 m lang
- Holzleim
- Acrylfarben, wasserfeste Filzstifte
- Mini-Wackelaugen Ø ca. 5 mm
- 2 mittelgroße Holzperlen (Ø 10 bis 25 mm)

Das Faultier besteht aus drei Schichten Sperrholz.
Die Schnur wird durch Lücken in der mittleren Schicht geführt.

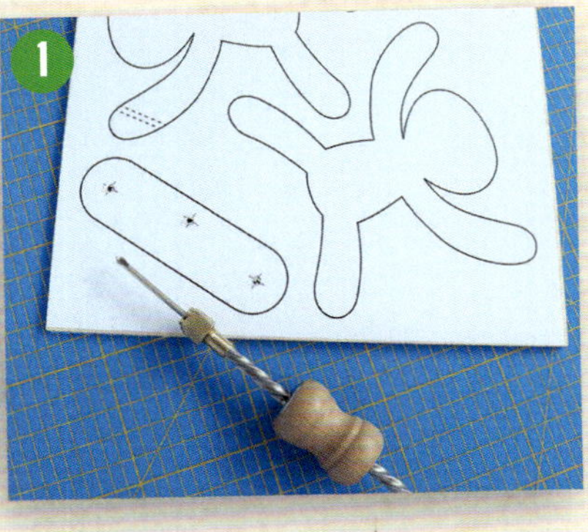

1 Übertrage die Vorlage auf das Sperrholz und bohre zunächst die Löcher in die Aufhängung.

2 Säge anschließend alle Einzelteile aus.

3 Zeichne die tatsächliche Dicke der Schnur an den Armen der mittleren Schicht an. Die gestrichelten Linien dienen dabei als Vorlage.

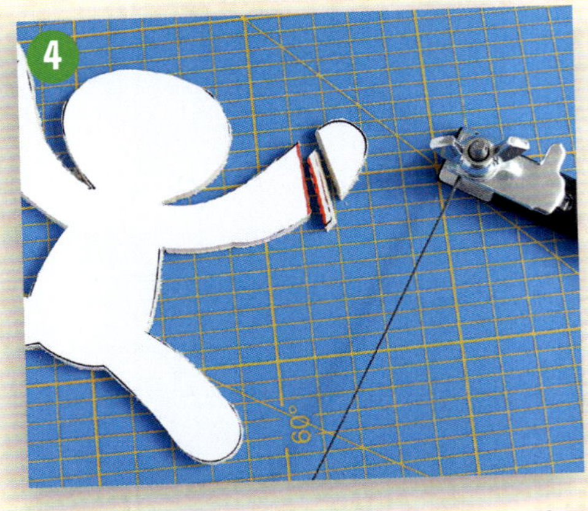

4 Säge dann die Arme entlang der markierten Stellen entzwei.

5 Entferne nun gegebenenfalls Vorlage und Malerband und zeichne die Details nach. Markiere Vorder- und Rückseiten, damit du sie später besser zusammensetzen kannst.

6 Klebe die mittlere Schicht mit Holzleim passgenau auf die untere.

Klebe die „Hände“ (die äußeren Abschnitte) der mittleren Schicht so auf, dass die Schnur gut durch den entstehenden Zwischenraum passt.

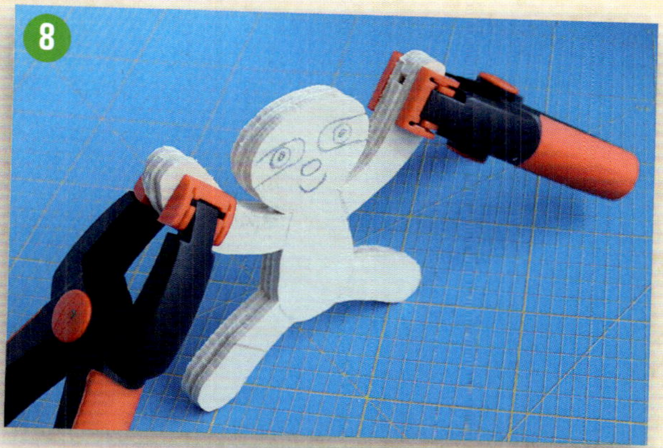

Leime nun die vordere Schicht auf, sodass ein Block entsteht. An den Armen ergeben sich Löcher, durch die später die Schnur gefädelt werden kann.

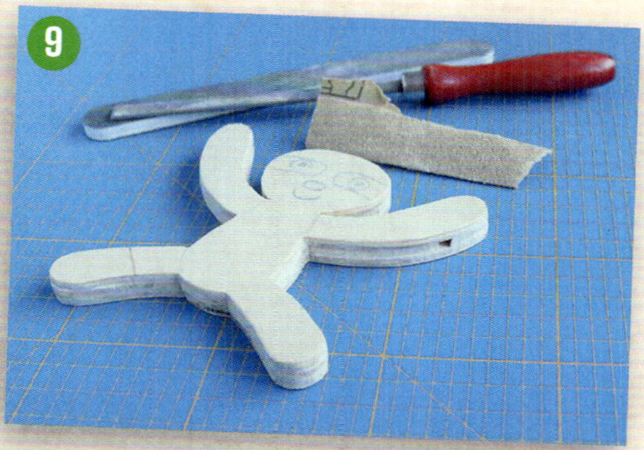

Glätte die Kanten mit einer Feile und Sandpapier, sodass die Unebenheiten, die durch das Zusammenleimen entstanden sind, ausgeglichen werden.

Male das Faultier mit Acrylfarben und Filzstiften an. Klebe auch die Wackelaugen auf.

Fädele die Schnur durch die unteren Löcher der Aufhängung und die Holzperlen. Knote dann die Enden der Schnur fest.

Wenn du abwechselnd an der linken und rechten Schnur ziehst, klettert das Faultier Schritt für Schritt nach oben.

Winke-Pinguin

VORLAGE NR. 28 BLAU

Das brauchst du:

- Pappelsperrholz, 1× DIN A4, 4 mm stark, 1× DIN A5, 4 mm stark
- Holzspieß, Ø 3 mm
- Holzleim
- Musterbeutelklammer oder Schraube (M3, 16 mm) mit Mutter
- Unterlegscheibe, Innen-Ø 4,3 mm
- Acrylfarben, wasserfeste Filzstifte

Wenn du an der Kurbel drehst, wackelt (und winkt) der Pinguin hin und her.

Übertrage die Vorlage auf die Sperrholzplatten und bohre zunächst alle Löcher.

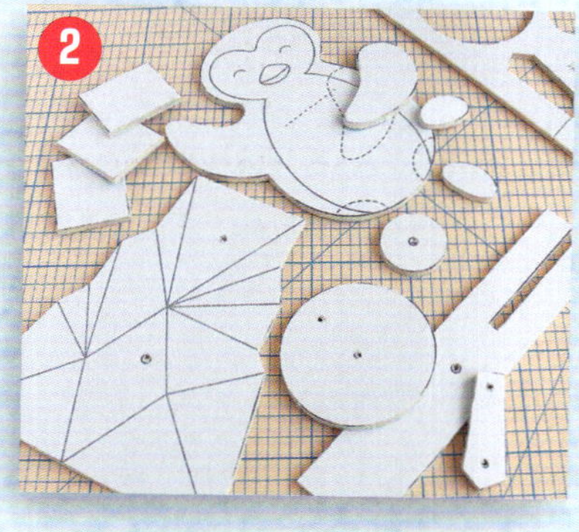

Säge anschließend alle Einzelteile aus.

Entferne gegebenenfalls Vorlage sowie Malerband und zeichne die Details nach. Glätte dann alle Kanten mit einer Feile oder mit Sandpapier.

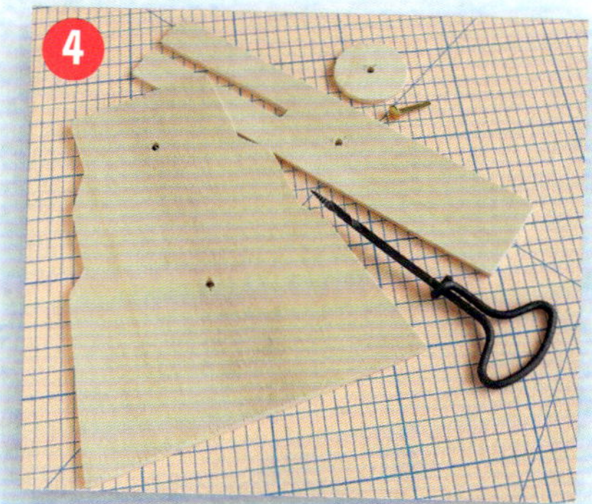

Erweitere die Löcher im „Eisberg“, in der kleinen Scheibe und dem Hebel so, dass die Klammer gut hindurch passt.

Male alle Teile mit Acrylfarben und Filzstiften an. Wähle für den Eisberg helle, kalte Farben.

Klebe den Arm und die Füße mit Holzleim auf den Pinguin. Leime die drei rechteckigen Distanzstücke zu einem Block zusammen.

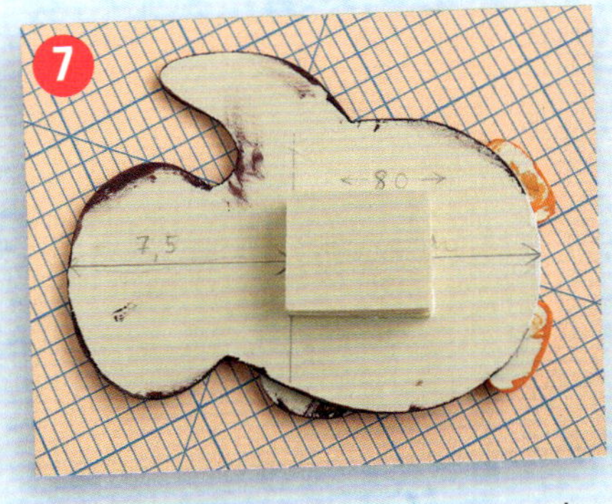

Leime den Distanzblock in der Mitte der Rückseite des Pinguins auf. Die Oberkante des Blocks sollte etwa 7,5 cm vom Kopf und 8 cm vom Bauch entfernt sein.

Klebe den Hebel (mit dem Schlitz nach unten) bündig auf den Distanzblock auf.

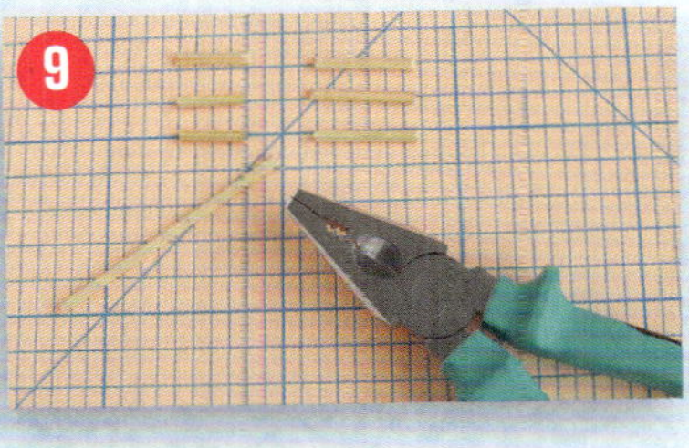

Unterteile den Holzspieß in mehrere 2 und 3 cm lange Stücke.

Leime den Führungsstift (2 cm) in die große Scheibe und den Griff (3 cm) in die Kurbel ein.

Drehe die große Scheibe um und lagere sie auf einem Block, damit der Führungsstift nicht abbricht. Leime dann die Achse (3 cm) in der Mitte der Scheibe fest.

Setze die große Scheibe und die Kurbel in das untere Loch des Eisbergs ein. Stecke die Achse von unten durch das Loch, lege eine Unterlegscheibe darüber und leime die Kurbel an der Achse fest.

Kürze die Achse und stecke die Musterbeutelklammer von vorne durch das obere Loch.

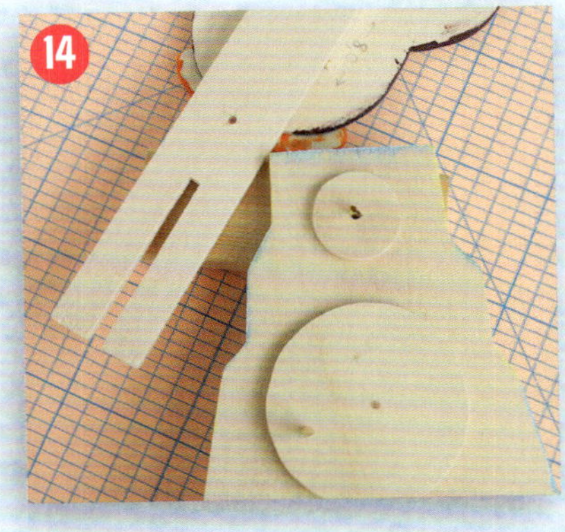

Drehe den Eisberg um und stecke die kleine Scheibe über die Enden der Klammer. Führe den Eisberg zwischen Hebel und Pinguin. Verbinde alles, indem du die Enden der Klammer umbiegst.

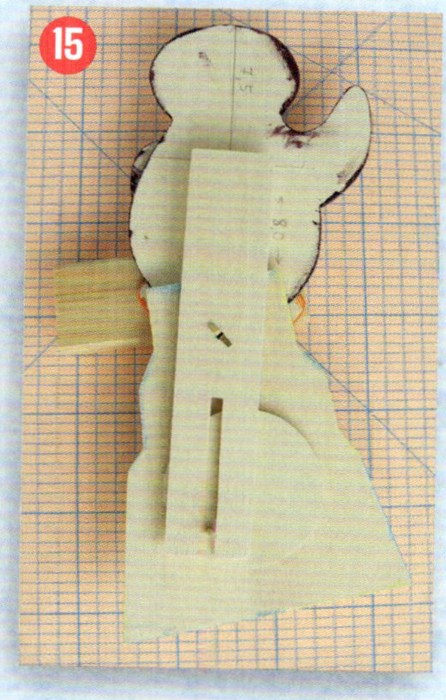

Wichtig: Der Führungsstift muss im Schlitz des Hebels liegen.

Dieses Projekt eignet sich eher für fortgeschrittene Bastler. Da kannst du gut zusammen mit Freunden und Geschwistern werkeln. Beim Arbeiten mit Draht solltest dir vielleicht besser ein Erwachsener helfen.

Fischkiste

VORLAGE NR. 29 ORANGE

Das brauchst du:

- Birkensperrholz, 2× DIN A4, 3 mm stark
- Stoffrest (z. B. Jeans), ca. 15 × 20 cm
- UHU Alleskleber
- Einwegkleiderbügel aus Draht
- Eisendraht, Ø 1 mm, 3 Stücke à 25 cm
- Wackelaugen, Ø 12 – 15 mm
- Holzschrauben, M3, 12 mm lang

Übertrage die Vorlagen auf das Sperrholz und bohre alle eingezeichneten Löcher in die Platten. Bohre auch überall dort, wo du später größere Löcher aussägen musst.

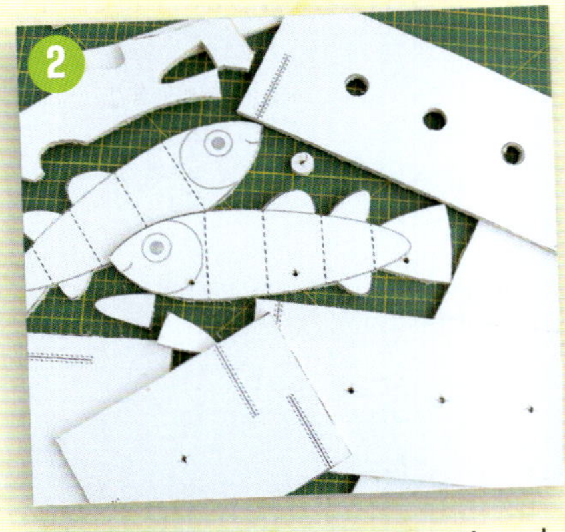

Säge anschließend alle Einzelteile aus. Zum Aussägen der drei größeren Löcher spannst du das Sägeblatt aus und wieder ein, nachdem du es durch eines der vorgebohrten Löcher geführt hast.

Markiere die Rückseiten der beiden Fische so, dass du sie später wieder zusammensetzen kannst. Ziehe gegebenenfalls das Malerband ab.

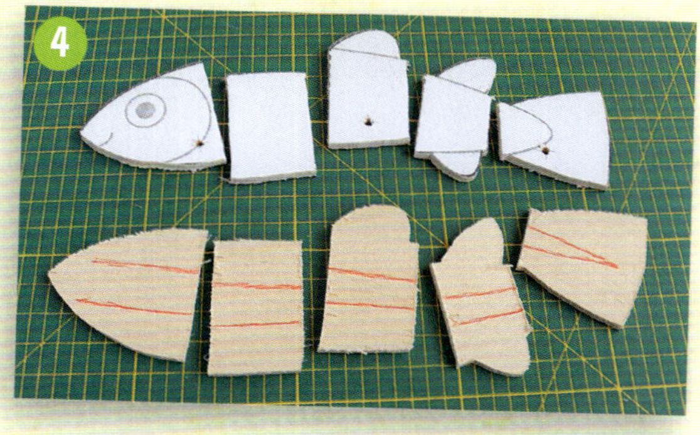

Säge nun die Fische entlang der gestrichelten Linien in je fünf Teile. Für die geraden Schnitte kannst du auch eine Japan- oder Feinsäge verwenden.

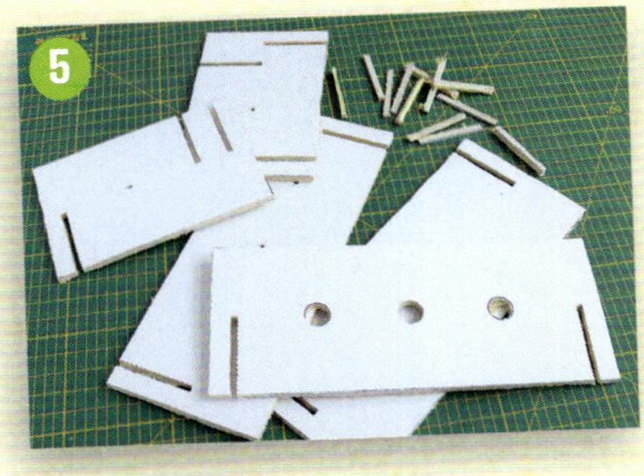

Säge nun vorsichtig die Steckschlitze der fünf Rechtecke aus. Achte darauf, dass die Schlitze nicht zu breit werden, damit das Gestell später stabil ist.

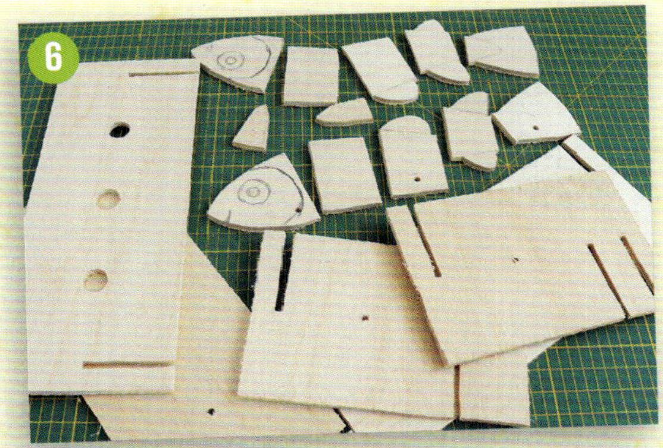

Falls nötig, entferne die Vorlage und das restliche Malerband und zeichne alle Details nach.

Glätte alle Kanten der fünf Rechtecke mit einer Feile oder mit Sandpapier.

Arbeite die Steckschlitze mit einer dünnen Feile und Sandpapier nach. Diese sollten nun gut ineinander passen und nicht zu wacklig sein.

Glätte zunächst die Außenkanten der Fischteile. Feile dann die geraden Kanten, an denen die Fische getrennt wurden, schräg. So kann sich der fertige Fisch später besser bewegen.

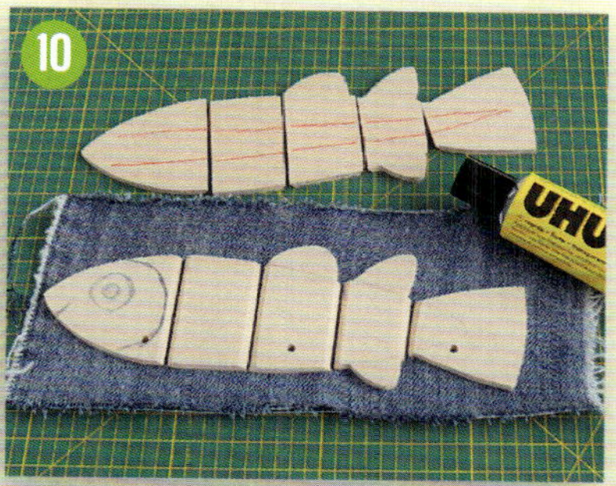

Klebe alle Teile einer Fischseite nebeneinander auf den Stoffrest auf.

Schneide den Fisch sauber aus dem Stoffrest aus.

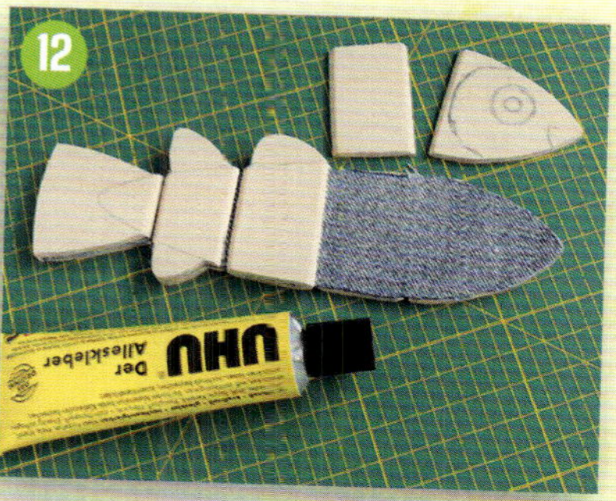

Klebe die restlichen Fischteile auf die andere Seite des Stoffrestes auf.

Weiter geht's auf der nächsten Seite.

Fischkiste (Fortsetzung)

Bemale den Fisch von beiden Seiten mit Farben und Stiften.

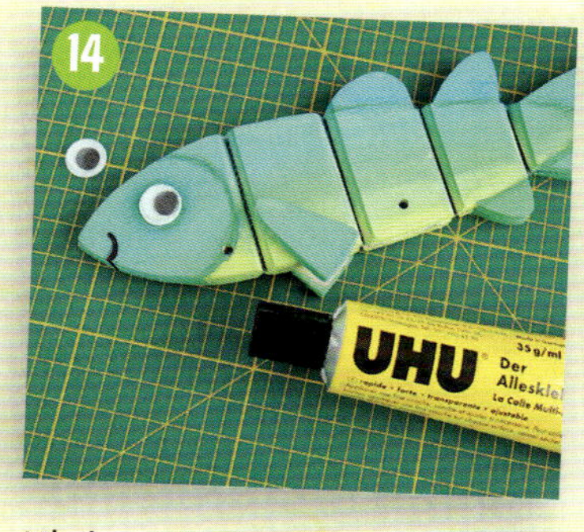

Klebe die beiden Wackelaugen auf.

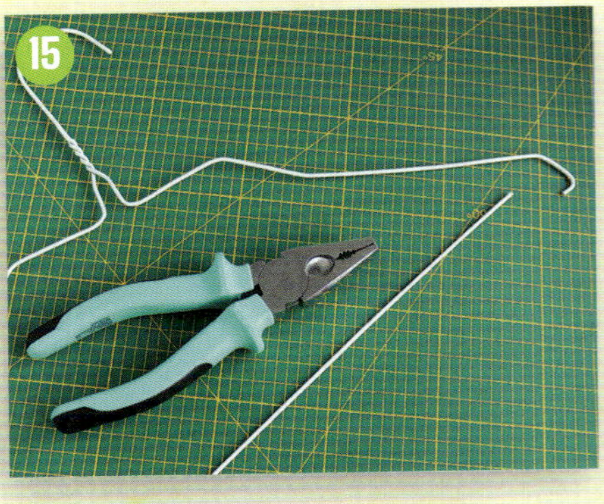

Schneide die gerade Querstange des Kleiderbügels mit einer Kombizange ab.

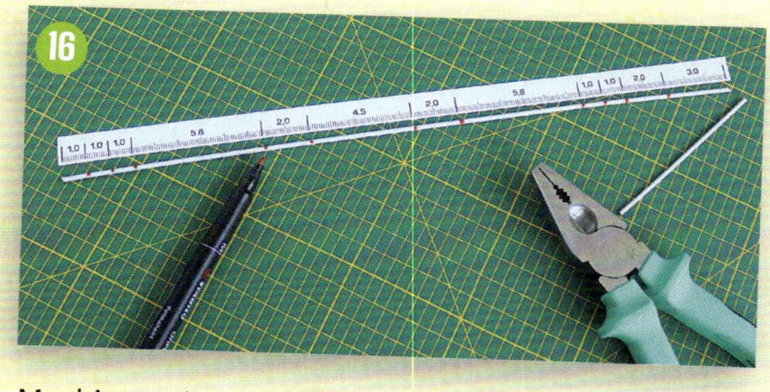

Markiere die Abschnitte nach dem Maßband auf dem Vorlagenbogen. Kürze den Draht auf die richtige Länge.

Biege den Draht an den Markierungen wie auf dem Foto zurecht.

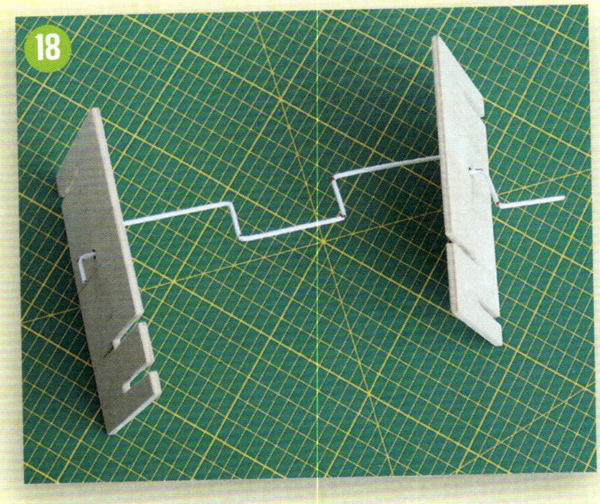

„Fädele“ die beiden Enden des Kleiderbügeldrahts durch die Löcher in den Seitenteilen. Achte unbedingt darauf, dass der Draht und die Seitenteile so wie auf dem Foto liegen.

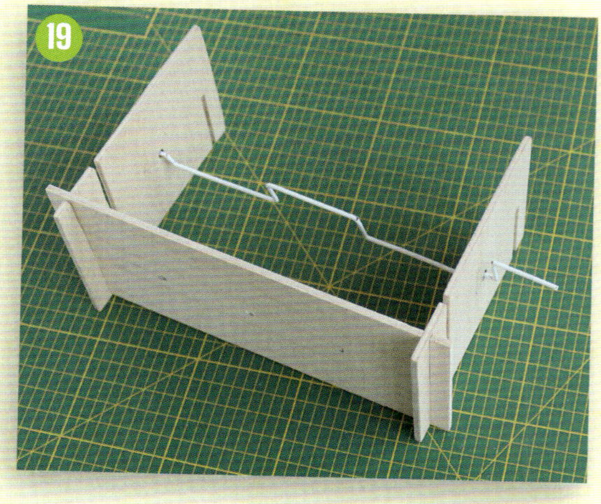

Verbinde die seitlichen Platten zuerst durch die Platte mit den drei kleinen Löchern, da diese auf beiden Seiten Steckschlitze hat. Sie würdest du später nicht mehr einsetzen können.

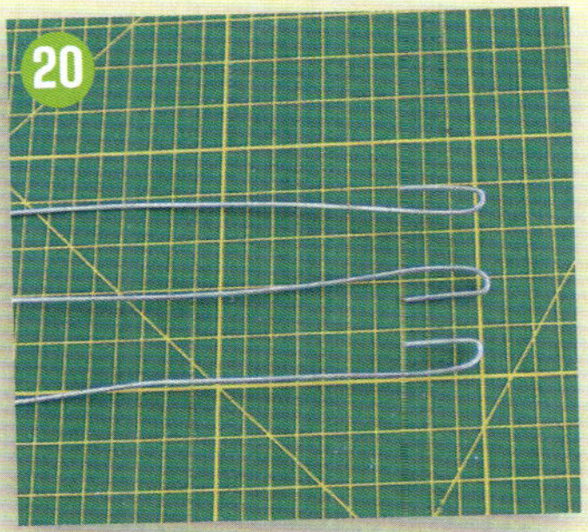

Schneide mit der Kombizange vom Eisendraht drei jeweils 25 cm lange Stücke ab. Biege sie an einem Ende 1,5 cm um.

Setze die Platte mit den großen Löchern ein. Führe die Eisendrähte durch die Löcher und hake die umgebogenen Enden am Kleiderbügeldraht ein.

Biege die Enden der Eisendrähte am Kleiderbügeldraht fest. Das sollte aber nicht zu fest sein, damit die Drähte beweglich bleiben. Setze die Bodenplatte ein.

Biege in die freien Enden der Eisendrähte kleine Ösen. Das geht ganz gut mit einem Nagel und der Kombizange. Die Ösen (beziehungsweise der Nagel) sollten einen Durchmesser von 3 mm haben, damit die Holzschrauben hindurch passen.

Schraube die Drahtösen am Fisch in den drei dafür vorgebohrten Löchern fest.

Wenn du an der Kurbel drehst, zuckelt der Fisch wie in einer Schwimmbewegung hin und her.

Vorlage Nr. 30 Rot

Einrad-Panda

Dieses Projekt eignet sich eher für fortgeschrittene Bastler. Da kannst du gut zusammen mit Freunden und Geschwistern werkeln.

Durch die Gewichte liegt der Schwerpunkt des Pandas unterhalb der Schnur. So kann er nicht herunter fallen.

Das brauchst du:

- Birkensperrholz, 1× DIN A4, 3 mm stark
- Balsaholz, 10 × 15 cm, 15 mm stark
- Holzleim, UHU Alleskleber
- 2 große Holzspieße, Ø 4 mm, ca. 40 cm lang
- 2 große Korken
- Muttern und Unterlegscheiben als Gewichte
- Holzspieß, Ø 3 mm
- 2 Schrauben (M3, 10 mm), 2 Schrauben (M3, 16 mm) und 4 passende Muttern
- 2 Holzschrauben, 3 × 20 mm
- 26 Unterlegscheiben, Innen-Ø 4,3 mm
- Acrylfarben, wasserfester Filzstift

1 Übertrage die Vorlage auf das Sperrholz und bohre alle Löcher.

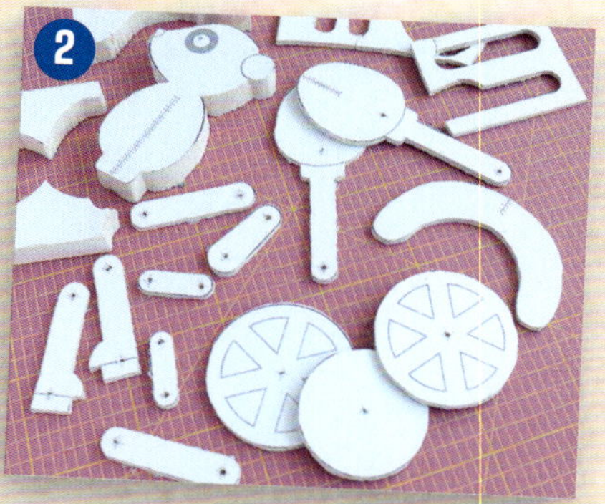

2 Säge alle Einzelteile aus.

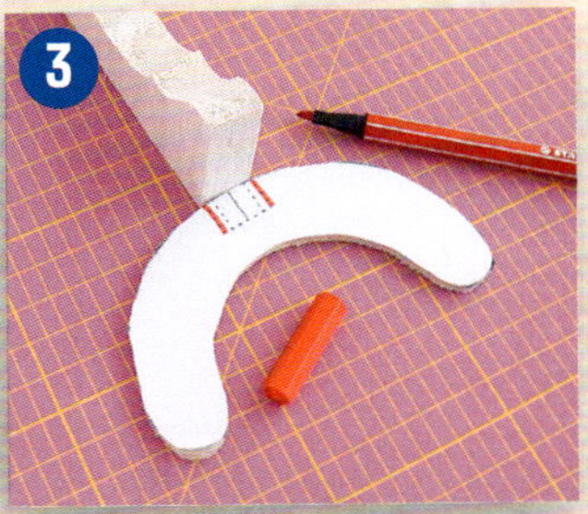

3 Markiere mithilfe eines Stücks Balsaholz den breiten Schlitz an der Rückseite des Armteils.

4 Säge die Schlitze vorsichtig aus.

5 Entferne gegebenenfalls die Vorlage sowie das Malerband und zeichne die Details nach.

6 Glätte die äußeren Kanten mit Feile oder Sandpapier.

7 Arbeite die Schlitze mit einer Feile und Sandpapier nach, damit alles ineinander passt.

Klebe die drei Räder mit Holzleim zusammen. Das kleinere Rad kommt dabei in die Mitte. Stecke einen Zahnstocher durch die Löcher der Räder, damit später alles gut passt.

Male alle Teile mit Acrylfarben an. Nur beim Armteil sparst du die seitlichen Arme aus.

Feile die stumpfen Enden der großen Holzspieße auf einem Stück Sandpapier flach. So lassen sie sich besser auf die Arme kleben.

Bohre mit einem großen Nagelbohrer ca. 2 cm tiefe Löcher mittig in die Korken.

Leime die Holzspieße mit den Spitzen in die Korken ein. Fädele Muttern oder Unterlegscheiben als Gewichte auf.

Leime die flach gefeilten Enden der Holzspieße möglichst symmetrisch auf die Arme auf.

Wenn der Leim getrocknet ist, kannst du das Armteil mit Acrylfarbe bemalen.

Ist die Farbe getrocknet, testest du, ob alles richtig passt: Schiebe das Armteil von unten in den Körper. Danach steckst du die Schlitze der Seitenteile von unten über das Armteil.

Wenn alles passt, leimst du die beiden Seitenteile an den Körper. So wird auch das Armteil mit den Holzspießen und den Korken am Körper fixiert.

Weiter geht's auf der nächsten Seite.

Einrad-Panda
(Fortsetzung)

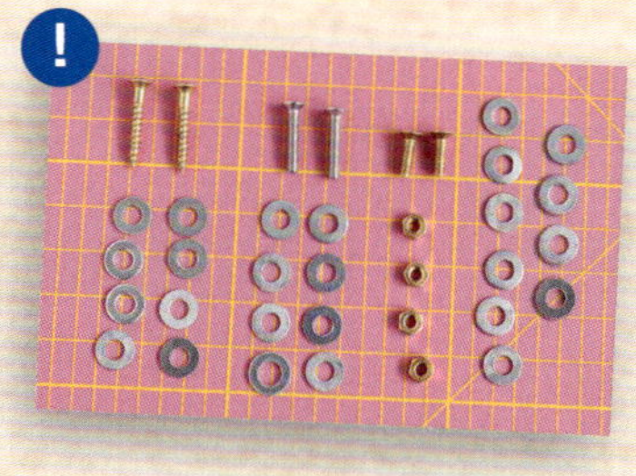

Um den Panda zusammenzubauen benötigst du diese 6 Schrauben, 4 Muttern und 26 Unterlegscheiben.

Erweitere die Löcher in der „Gabel“ des Einrads mit dem Nagelbohrer. Die Achse (der kleine Holzspieß) sollte hier später leichtes Spiel haben. Erweitere auch alle anderen Löcher, bis auf je ein Loch der hellblauen „Kurbeln“.

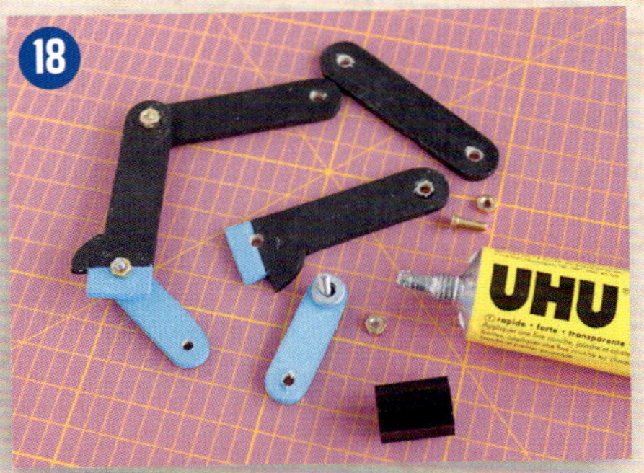

Verbinde Ober- und Unterschenkel mit je einer 10-mm-Schraube; Fuß und Kurbel mit einer 16-mm-Schraube. Zwischen den Fuß und die hellblaue Kurbel kommen je vier Unterlegscheiben. Fixiere die Muttern mit einem Tropfen Alleskleber.

Passe den kleineren Holzspieß auf das Loch im Rad an. Er sollte mit etwas Widerstand hindurch rutschen. Falls erforderlich, bearbeite den Spieß mit Sandpapier.

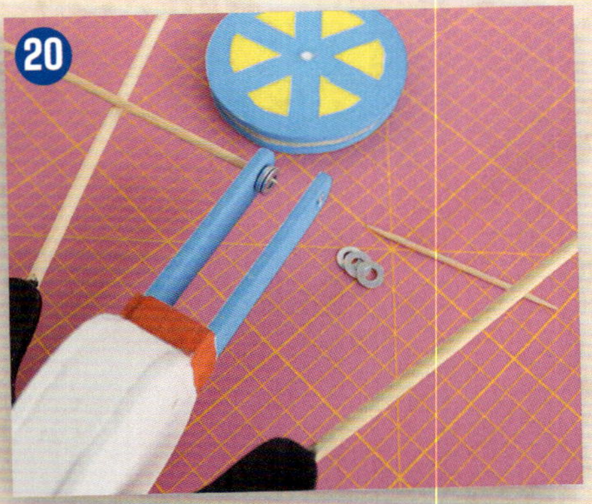

Stecke den kleineren Holzspieß als Achse durch eine Seite der Einradgabel. Fädele dann drei Unterlegscheiben zwischen Gabel und Rad ein. Benutze einen Zahnstocher als Hilfswerkzeug.

Gib etwas Holzleim ins Loch des Rades, um das Rad mit der Achse fest zu verbinden.

Führe die Achse durch das Loch im Rad hindurch. Fädele weitere drei Unterlegscheiben auf und führe die Achse weiter durch die zweite Gabel hindurch. Kürze die Achse grob, sodass sie zwischen die langen Holzspieße passt.

Fädele außen an der Achse je zwei Unterlegscheiben auf. Gib einen Tropfen Holzleim ins freie (enge) Loch einer Kurbel, um es an der Achse festzukleben. Die Kurbel muss nach innen, der Fuß nach außen zeigen.

Befestige nun die andere Kurbel mit Holzleim auf der anderen Seite des Rades. Dabei müssen sich die Kurbeln gegenüber liegen und eine Linie bilden.

Schneide die beiden Enden der Achse so bündig wie möglich mit dem Rad ab. Verwende am besten einen Seitenschneider.

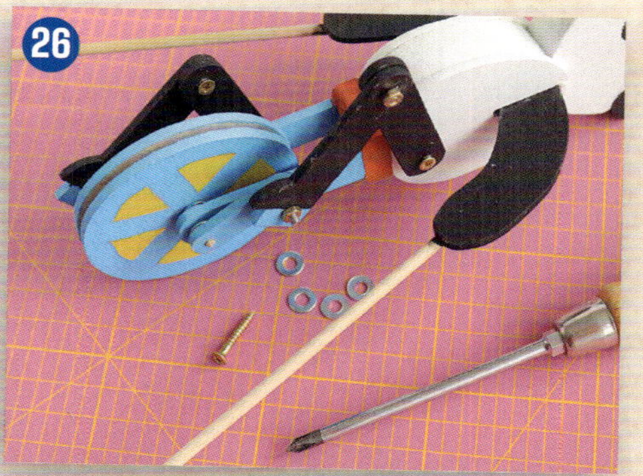

Schraube die Beine seitlich am Körper in den dafür vorgebohrten Löchern an. Lege vorher noch je vier Unterlegscheiben zwischen Oberschenkel und Körper.

Wenn du den Panda auf eine schräg gespannte Schnur setzt, fährt er die Schnur wie ein echter Akrobat entlang.

Buchempfehlungen für dich

ISBN 978-3-7724-4980-2

ISBN 978-3-7724-4388-6

ISBN 978-3-7724-7626-6

ISBN 978-3-7358-9049-8

ISBN 978-3-7724-4453-1

ISBN 978-3-7724-7590-0

ISBN 978-3-7724-4624-5

ISBN 978-3-7724-4625-2

ISBN 978-3-7724-4395-4

Viele weitere Kreativ-Bücher findest du auf www.TOPP-kreativ.de

#TOPPPROJEKT

Die eigene Kreativität zeigen: TOPPprojekt mit anderen Kreativen teilen und Teil der Gemeinschaft werden.

DIY-begeistert und auf Instagram? Dann unbedingt mitmachen! Hier gibt's Tipps und Feedback zu den eigenen Projekten. Außerdem verlosen wir jeden Monat ein Überraschungspaket. Um am Gewinnspiel teilzunehmen, einfach ein Bild vom Kreativ-Projekt aus unseren Büchern mit #TOPPprojekt posten und unserem Account @frechverlag folgen. Mehr Infos auf TOPP-kreativ.de/TOPPprojekt

Website
Auf TOPP-kreativ.de kannst du ein riesiges Angebot von über 1.000 Kreativbüchern, Sets & mehr entdecken.

Newsletter
Gleich anmelden unter: TOPP-kreativ.de/newsletter und immer als Erstes von unseren Neuheiten und Sonderaktionen erfahren.

Instagram
@frechverlag

Pinterest
pinterest.com/frechverlag

Facebook
facebcok.com/frechverlag

DigiBib
Hier findest du zusätzlich zu vielen unserer Bücher digitale Extras, wie Video-Tutorials, Plotter-Dateien, Vorlagen, Übungsblätter & vieles mehr. Einfach im Impressum deines TOPP-Buchs den Freischalte-Code nachschlagen und exklusive Inhalte freischalten. TOPP-kreativ.de/digibib

Youtube
youtube.com/frechverlag

Autor

Norbert Pautner zeichnet, malt und bastelt, seit er einen Stift halten und die Kontobücher seines Vaters vollkritzeln konnte. Nach einem Studium der Sinologie, Japanologie und Kunstgeschichte kam dann noch ein bisschen Schreiberei dazu. Heute arbeitet er als selbstständiger Autor und Illustrator in Berlin. Kreativer Zeitvertreib jedweder Art ist zu einem roten Faden bei allem geworden, was er macht.

Service-Hotline

Hilfestellung zu allen Fragen, die Materialien und Bücher zu kreativen Hobbys betreffen: Wir beraten dich gerne.
Ruf an oder schreib eine E-Mail!
Telefon: 0711 / 123 757 20* (*normale Telefongebühren)
E-Mail: mail@kreativ-service.info

Impressum

Der Code für Seite 12 lautet: 59288

FOTOS: Norbert Pautner, Berlin
MODELLE, TEXTE & ILLUSTRATIONEN: Norbert Pautner, Berlin
PRODUKTMANAGEMENT: Cora Friedrich
COVER: Eva Hook
LAYOUT UND SATZ: Norbert Pautner, Berlin
DRUCK UND BINDUNG: Neografia, Slowakei

1. Auflage 2023

ISBN 978-3-7358-9027-6 • Best.-Nr. 29027

MIX
Papier | Fördert gute Waldnutzung
FSC® C020353

Penguin Random House Verlagsgruppe
FSC® N001967